تقرير عن تطوير تعليم اللغة الصينية دوليًا

2020-2019

رئيس التحرير: ليو لي

نائب رئيس: التحرير

北京语言大学出版社
BEIJING LANGUAGE AND CULTURE
UNIVERSITY PRESS

المقدمة

اللغة هي أداة مهمة للتواصل البشري، فالتواصل اللغوي والتعاون هما احتياج موضوعي للتنمية المشتركة للمجتمع البشري وتقدمه. وعلى أساس الاستعراض الموجز والنظرة المستقبلية للتعليم الدولي للغة الصينية، سيركز هذا التقرير على الأجزاء التكوينية الأساسية للتعليم الدولي للغة الصينية، على سبيل المثال: إجراء تلخيص سنوي عن تطوير أوضاع البحث، وبناء المعلم، وبناء المواد التعليمية، واختبارات مستوى اللغة الصينية، ومعاهد كونفوشيوس وجوانب أخرى، ويقوم بتقديم أوضاع تطوير التعليم الدولي للغة الصينية في المناطق النموذجية، وتعد أبحاث تدريس اللغة الصينية كلغة ثانية واكتسابها محورَ تركيز خاص لعام 2019–2020م لإجراء مناقشات اختصاصية.

1. فكرة التقرير الأساسية:

عرض شامل للثقة بالنفس، والأمل الذاتي لتعليم اللغة الصينية الدولية. يعتمد التقرير على الأساليب العلمية، ويعكس ويقيّم بشكل شامل وموضوعي تطورَ تعليم اللغة الصينية الدولية، ويلخص الإنجازات من الوقائع، ويؤكد بشكل إيجابي الإنجازات التي حققها تعليم اللغة الصينية الدولية، وبالطريقة نفسها لا يتجنب التناقضات، ويواجه المشاكل الموجودة في تعليم اللغة الصينية الدولية بشكل مباشر، ويوضح اتجاه الجهود المبذولة، ويقدم مرجعًا مهمًّا للتحول والارتقاء بتعليم اللغة الصينية الدولية، وتحقيق تنمية ذات جودة عالية بشكل دلالي.

2. قيمة التقرير:

استنادًا إلى الوضع الإنمائي الجديد لتعليم اللغة الصينية الدولية لعام 2019–2020م، يركز هذا التقرير عن كثب على موضوع إنشاء نمط جديد لتعليم اللغة الصينية الدولية، وينصب الهدف حول

المتطلبات الفعلية للتحول والارتقاء بتعليم اللغة الصينية الدولية، ويصف هذا التقرير عملية التنمية والإنجازات الفعلية والاتجاهات المستقبلية لتعليم اللغة الصينية الدولية.

يساعد نشر التقرير بشكل كامل على فهم أوضاع تطوير تعليم اللغة الصينية الدولية في الداخل والخارج، ويساعد في تعزيز البحث والممارسة لتعليم اللغة الصينية الدولية في العصر الجديد، والمعرفة العلمية للعملية الملموسة لتعليم اللغة الصينية الدولية، والتقييم الموضوعي لإصلاح وإنجازات تعليم اللغة الصينية الدولية، واللجوء إلى شكل التقرير السنوي؛ لتعزيز أبحاث تعليم اللغة الصينية الدولية هو مطلب أصيل لتطوير تعليم اللغة الصينية الدولية، ويتميز بدلالة فارقة في تطوير وإصلاح عملية تعليم اللغة الصينية الدولية.

3. خصائص التقرير:

يعتمد التقرير على واقع تعليم اللغة الصينية الدولية، ويركز على حكمة العلماء المختصين في الداخل والخارج، وبذل الجهود؛ لتجسيد الخصائص الآتية:

الأولى: عكس اتجاه التنمية في الوقت المناسب.

يسعى التقرير إلى أن يعكس بدقة التطور الحالي والوضع العام لتعليم اللغة الصينية الدولية، ويعرض بموضوعية نتائج أبحاث تعليم اللغة الصينية الدولية، وعلى أساس الاستيعاب المرئي للوضع الراهن لتعليم اللغة الصينية الدولية، يسعى جاهدًا لبروز المشاكل العالقة التي يواجهها تعليم اللغة الصينية الدولية، ويحاول تقديم اقتراحات عملية.

الثانية: إبراز الوعي بالمشكلة.

يستجيب التقرير بإيجابية للاهتمامات المختلفة لجميع قطاعات المجتمع المحلي والمجتمع الدولي بشأن تعليم اللغة الصينية الدولية، ويقدم إجابات ومراجع لمجموعات مختلفة من الأشخاص الذين يشاركون في تعليم اللغة الصينية الدولية، ويهتمون بالتفكير في القضايا ذات الصلة. يتكشف التقرير من أبعاد متعددة مع التركيز على التمشيط الشامل للإنجازات الرئيسة في تطوير تعليم اللغة الصينية الدولية في لعام 2019-2020م؛

ليعكس بشكل منهجي النظرة العامة التنموية والإنجازات الرئيسة في هذا المجال، وإعطاء تعليقات موجزة.

الثالثة: البحث والحكم العلمي.

التنمية المستدامة لتعليم اللغة الصينية الدولية لا تنفصل عن الدعم النظري الأساسي للانضباط الأكاديمي، إضافة إلى أن التقرير يعرض بموضوعية أحدث حالات تطور تعليم اللغة الصينية الدولية، ويقوم- أيضا- بتحليل عميق للمعلمين، ومواد التدريس وأساليب التدريس وغيرها من المسائل المتعلقة بتعليم اللغة الصينية الدولية، وفي الوقت نفسه- الذي يصف فيه التجارب الإنمائية لتعليم اللغة الصينية الدولية والمعارف ذات الصلة- يقوم بعمل تحليل وحكم مسبق للبيئة والتحديات التي تواجه تعليم اللغة الصينية الدولية في العصر الجديد، إضافة إلى اتجاهات التنمية المستقبلية.

ووفقًا للتقرير، فإن خصائص الانضباط الأكاديمي للتعليم الدولي للغة الصينية واضحة جلية، وتبرز مجالات البيئة الداخلية والخارجية، وموضوعات الخدمة والأنظمة المعرفية وغيرها من الخصائص غير المكتملة للانضباط الأكاديمي العام، ومن الضروري إيلاء اهتمام خاص للسنوات الأخيرة؛ لينضج بشكل متزايد بناء الانضباط الأكاديمي لتعليم اللغة الصينية الدولية، ويدفع– أيضًا– إلى ازدهار قضية تعليم اللغة الصينية الدولية. وبالطبع، هناك العديد من القضايا النظرية والمشاكل العملية في الانضباط الأكاديمي لتعليم اللغة الصينية الدولية.

الرابعة، جمع الموارد الفكرية الدولية.

أعضاء فريق المؤلفين الذين كتبوا التقرير هم مجموعة واسعة من المصادر، منهم خبراء وعلماء محليون ما داموا قد اهتموا ودرسوا قضية تعليم اللغة الصينية الدولية، إضافة إلى علماء مشهورين وصينولوجيين من الخارج وما إلى ذلك، واللغة التي ينشر بها التقرير- إضافة إلى اللغة الصينية- سوف يتم نشرها بلغات متعددة، مثل: الإنجليزية، والفرنسية، والإسبانية، والعربية، والروسية؛ لتحقيق المزيد من الحوار مع أوساط التعليم الدولي.

يأمل "تقرير عن تطوير تعليم اللغة الصينية دوليًا 2019–2020" أن يلعب دورًا نشطًا في تعزيز التعلم المتبادل بين حضارات العالم المتنوعة، وزيادة تعزيز التنمية المستدامة والعالية الجودة لقضية تعليم

اللغة الصينية الدولية، وتعزيز التبادل اللغوي والثقافي والتعاون بين الصين وجميع دول العالم. وفي الوقت نفسه حول التقرير، سنسعى جاهدين لبناء منصة تعاون مختصة لبحوث تعليم اللغة الصينية الدولية؛ بما يخدم التطوير الضمني والمبتكر لتعليم اللغة الصينية الدولية، وسنعمل بنشاط على تعزيز بناء منصة البيانات الضخمة؛ بما يساعد في التطوير المبتكر لتعليم اللغة الصينية الدولية من خلال التقرير السنوي، وبناء نظام دولي لتعليم اللغة الصينية أكثر انفتاحًا وشمولية، ومعيارية.

الفهرس

I التقارير الشاملة

مسيرة التنمية والوضع الحالي وتطلعات التعليم الدولي للّغة الصينية

يأخذ هذا الفصل تعليم اللغة الصينية دوليًا لعام 2019م كمقطع عرضي، ويأخذ مراجعة مسيرة التنمية والتطلعات المستقبلية لتعليم اللغة الصينية دوليًا كمقطع طولي، ويقدم وصفًا ثلاثيَّ الأبعاد، وتحليلًا لتطور تعليم اللغة الصينية الدولي في ظل خلفية منظور الزمان والمكان، وخلفية تعليم اللغة الصينية الدولي على مستوى العالم.

أولا: مسيرة التنمية

اللغة هي جسر التواصل، والتعليم اللغوي هو أفضل طريقة لتحقيق تواصل بشري فعال. فيما يقرب من 70 عامًا منذ تأسيس جمهورية الصين الشعبية، يركز تعليم الصينية الدولية دائمًا على موضوع تدريس اللغة الصينية؛ مما جعل تعليم الصينية الدولية واضحًا في توجهه واتجاهه من البداية إلى النهاية. في عام 1950م، تم إنشاء فصل خاص باللغة الصينية لتبادل الطلاب من أوروبا الشرقية في جامعة تسينغهوا، ومن هنا كانت بداية تعليم الصينية الدولية في الصين الجديدة. يمكن القول: إن الفصل الخاص هو أول مؤسسة تعليمية للغة الصينية الدولية في الصين الجديدة، وكان مدير الصف المسؤول هو عالم الفيزياء المشهور السيد جوو بييوان، والمادة التعليمية المستخدمة هي النسخة المعدلة من «مدخل إلى لغة الماندرين الصينية» للسيد جاو يوانرين. منذ ذلك الحين، مر هذا الفصل الخاص بمرحلة الفصل الخاص للغة الصينية للطلاب الأجانب

بجامعة بكين، ومكتب الطلاب الأجانب بمعهد اللغات الأجنبية بجامعة بكين، ومدرسة الإعداد العليا للطلاب الأجانب وغيرها من المراحل، وأصبح في النهاية معهد بكين للّغات الذي تأسس في عام 1964م. في عام 1952م، بعثت الصين الجديدة بأول مدرس لها خارج البلاد، وهو السيد جوو داسي؛ للمشاركة في تدريس اللغة الصينية في الخارج. في عام 1961م، تم اختيار 25 خريجًا جديدًا من قسم اللغة الصينية من 10 كليات وجامعات كأول دفعة من المدرسين الاحتياطيين للغة الصينية للسفر إلى الخارج. ويمكن القول: إن تعليم الصينية الدولية في الخمسينات والستينات من القرن الماضي هو انطلاقة القضية، وبدأ من نقطة انطلاق عالية من حيث اختيار المعلمين، واختيار المادة التعليمية وغيرها، وأصبح معظم معلمي الصينية الدولية في ذلك العام خبراءَ في تدريس اللغة، وعلماءَ لغويين مشهورين.

بعد الإصلاح والانفتاح، دخل تعليم الصينية الدولي فترة من التطور الكبير، حيث تطور من قضية إلى تحقيق اختراقات تاريخية متوازنة في بناء الانضباط الأكاديمي، وتدريب المواهب وغيرها. وفي عام 1978م، اقترح السيد ليو بيسونغ لأول مرة أنه يجب تدريس اللغة الصينية للأجانب باعتبارها مادةً دراسيةً متخصصةً، ويجب إنشاء تخصص لتدريب هؤلاء المعلمين في الكليات والجامعات، وإنشاء مؤسسة بحثية متخصصة. وفي عام 1983م، أنشأت جمعية التعليم الصينية رابطة بحث لتعليم اللغة الصينية للأجانب، وأُنشئ نظام أكاديمي خاص تحت مسمى «تدريس اللغة الصينية للأجانب» رسميًا، وبدأ استقبال الطلاب الجامعيين الجدد في ذلك العام؛ لدراسة هذا التخصص، وفي عام 1986م بدأ تسجيل طلاب الدراسات العليا للحصول على درجة الماجستير، وفي عام 1997م بدأ طلاب الدكتوراه في مجال تعليم اللغة الصينية للأجانب التسجيل تحت قائمة التخصص الأكاديمي «علم اللغة وعلم اللغة التطبيقي». وفي عام 1987م، تم تأسيس مكتب المجموعة القيادية الوطنية لتعليم اللغة الصينية للأجانب «خان بان الوطني»، وتم تأسيس معهد التدريس العالمي للغة الصينية في ذلك العام، عقدت مؤتمرها الأول. في يوني من عام 1990م أعلنت لجنة التعليم الوطنية عن «إجراءات فحص اعتماد معلمي اللغة الصينية للأجانب». ومن خلال الاستطلاعات المستمرة، لم يتوقف وضع ووظيفة الانضباط الأكاديمي لتعليم الصينية الدولي عن التحسن، وتوجهت تنمية الكفاءات نحو التخصصية والمهنية، وأصبح تأثير نتائج الأبحاث الأكاديمية التي تستند إلى تعليم الصينية الدولي في ازدياد أكثر فأكثر، ونظام بناء القسم الأكاديمي أكثر تكاملًا ومنهجية. إذا قلنا: إن تعليم الصينية الدولي بدأ في تطوير الخدمات، فإن تعليم الصينية الدولي في الثمانينات والتسعينات من القرن العشرين نشط

في الدفع المزدوج بعجلة المؤسسات والنظام الأكاديمي.

ووصولًا إلى القرن الحادي والعشرين، ومع التعزيز المستمر للقوة الوطنية الصينية والازدهار الاقتصادي، تم تحفيز «حرارة اللغة الصينية» العالمية، وأصبح القدوم إلى الصين لدراسة اللغة الصينية من الصعب أن يلبي الاحتياجات الصارمة لدارسي اللغة الصينية للأجانب، والحاجة إلى تأسيس المؤسسات التخصصية لتعليم اللغة الصينية زادت بشكل حاد على هذه الأرض؛ ولهذا، منذ عام 2004م وتحت قيادة «مكتب الخان بان الوطني» تم إنشاء معاهد كونفوشيوس على التوالي في العديد من البلدان. وحتى ديسمبر من عام 2019م أنشأت 162 دولة (منطقة) حول العالم 550 معهد كونفوشيوس و1172 من فصول كونفوشيوس الدراسية. وفي عام 2005م، عُقد المؤتمر العالمي للغة الصينية، إيذانا بالانتقال التدريجي لنظام التعليم الدولي للغة الصينية من تدريس اللغة الصينية كلغة أجنبية إلى التعليم الدولي للغة الصينية. وفي عام 2011م أصدرت وزارة التعليم «كتالوج منح الدرجات العلمية والنظام الأكاديمي لتنمية المواهب» وتم تغيير تسمية تخصص تدريس اللغة الصينية كلغة أجنبية رسميًا إلى التعليم الدولي للغة الصينية، وفي الوقت نفسه قام العديد من الكليات والجامعات بفتح تخصصات الماجستير والدكتوراه في التعليم الدولي للغة الصينية.

عُقد مؤتمر التعليم الدولي للغة الصينية لعام 2019م تحت عنوان «ابتكار وتطوير التعليم الدولي للغة الصينية في العصر الجديد» إيذانًا بدخول تطور تعليم الصينية الدولي حقبة جديدة. ويجب أن يركز تعليم الصينية الدولي على الاندماج مع هذه الأرض، والتوافق مع احتياجات الجانب الآخر، وتحقيق التحول والارتقاء بتنمية تعليم الصينية الدولي من خلال تعزيز مشروع «اللغة الصينية + المهارات المهنية» وتحسين معايير التقييم لتعليم الصينية الدولي، وتعزيز تنويع المواد الأساسية التعليمية.

إذا ما قمنا باستعراض تاريخ تطور التعليم الدولي للصينية، فيمكن تقسيمه إلى أربع مراحل على وجه العموم: المرحلة الأولى (1950 ــ 1982) فترة بدء القضية، بدأت قضية التعليم الدولي للصينية خطوة بخطوة مع تأسيس الجمهورية الصينية، ولكن لم يكن يتشكل النظام الأكاديمي لتعليم الصينية دوليًا بعد. المرحلة الثانية (1983 ــ 2004) فترة تشكيل النظام الأكاديمي، أصبح تعليم الصينية الدولي نظامًا أكاديميًا متخصصًا باسم «تدريس اللغة الصينية للأجانب» وتشَكَّلَ تدريجيًا نظام نظري تعليمي متكامل. المرحلة الثالثة (2005 ــ 2018) فترة الاستكشاف والتطوير، تعد معاهد كونفوشيوس التي تقع في بلاد الأجانب استكشافًا مهمًا للتعليم الدولي للصينية «في انطلاقها للخارج» فالانتقال من تدريس اللغة الصينية للأجانب

إلى التعليم الدولي للغة الصينية حقق قفزات كبيرة في التطور من مجرد قضية إلى نظام أكاديمي. المرحلة الرابعة (2019 ــ اليوم) فترة التحول والارتقاء، في سياق العصر الجديد، ومواجهة احتياجات تعلم الصينية العالمية المتنوعة، ومواجهة العديد من التحديات التي تواجهها معاهد كونفوشيوس، فإن التعليم الدولي للغة الصينية سيأخذ خطوة للأمام؛ لتحسين الجودة والكفاءة، والتكيف بإيجابية مع الأوضاع والتغيرات الجديدة، واستكشاف نماذج التطوير الحديثة.

ثانيا: أوضاع التنمية

عام 2019م، هو عام غير مستقر وغير عادي بالنسبة للتعليم الدولي للغة الصينية، في هذا العام، واصل التعليم الدولي للغة الصينية التركيز على الموضوع الأساسي، واستكشف بنشاط التحول والارتقاء في عملية المتابعة، وحقق إنجازات ملحوظة في بناء النظام، وتدريب المواهب، والتبادلات والتعاون وما إلى ذلك، وعزز باستمرار النظام الأكاديمي وابتكار التطور المهني. هذا العام، هو بناء مجتمع مشترك المصير للبشرية يضرب بجذوره في أعماق الشعب، وبناء «الحزام والطريق» مثل اللهب المضطرم، ويتطلب عددًا كبيرًا من المواهب المركبة التي يمكنها التحدث بالصينية، وفهم التكنولوجيا، وأن حيوية متطلبات السوق، تدفع ـ أيضًا ـ تدريس اللغة الصينية إلى البدء في استكشاف نموذج تعليم «اللغة الصينية + المهنة» إضافة إلى تدريب مهارات الاتصال اللغوي العامة.

1. بناء النظام

في عام 2019م، واصل التعليم الدولي للغة الصينية ومعاهد كونفوشيوس تأسيس وتعزيز الأنظمة ذات الصلة، مثل:

عقد اجتماع التماس الرأي حول «طريقة إدارة اختبارات اللغة الصينية» في جامعة الأكاديمية الصينية للعلوم في بكين، وشارك فيه 38 مسؤولا بمراكز الاختبار الممتازة في الداخل والخارج.

وتم التصديق على مراجعة وتصنيف مشروع بحث وتطوير شهادات الكفاءة الخاصة بـ «معايير معلمي اللغة الصينية الدوليين».

وعلى أساس استقصاء الآراء المكثف، تمت صياغة «المعايير التعليمية لمعاهد كونفوشيوس» و«نظام مؤشرات تقييم الجودة التعليمية لمعاهد كونفوشيوس».

2. البناء المؤسسي

حتى شهر ديسمبر من عام 2019م، كان هناك 550 معهدًا من معاهد كونفوشيوس و1172 فصلًا من فصول كونفوشيوس في المدارس الابتدائية والمتوسطة في 162 دولة (منطقة) من بينهم 27 معهد كونفوشيوس و66 فصل كونفوشيوس تم إنشاؤهم حديثًا، وارتفع عدد الأشخاص الذين يتعلمون اللغة الصينية في العالم بسرعة إلى 150 مليون شخص، وتزداد «دائرة أصدقاء» تعليم اللغة الصينية دوليًا أكثر فأكثر.

3. بناء وتدريب فريق من المواهب

بحلول نهاية عام 2019م، أرسل المقر الرئيس لمعهد كونفوشيوس 3633 معلمًا برعاية الحكومة إلى 155 دولة (منطقة)، من بينهم 3006 مدرس تم إرسالهم إلى 416 معهدًا من معاهد كونفوشيوس و66 فصلًا دراسيًا من فصول كونفوشيوس في 152 دولة (منطقة)، و627 مدرسًا إلى الجامعات الأجنبية والمدارس المتوسطة والابتدائية (ليست ضمن معاهد كونفوشيوس).

يدعم المقر الرئيس لمعهد كونفوشيوس 17 جامعة أجنبية في 12 دولة لإنشاء التخصصات النموذجية للغة الصينية، وتم تدريب وتأهيل ما مجموعه 6930 مدرسًا من 7 دول في جنوب آسيا، من بينهم 74 معلمًا من جنوب آسيا جاءوا إلى الصين للتدريب، وتم توظيف 219 مدرسًا محليًا من 43 دولة ضمن مشروع «الحزام والطريق» وغيره، وتوظيف 36 معلما أساسيًا في 35 معهدًا من معاهد كونفوشيوس في 16 دولة حول العالم.

في عام 2019م، قامت 148 كلية وجامعة لها برامج منح الدرجات بتخصص التعليم الدولي للغة الصينية بتسجيل ما مجموعه 6520 باحثا الدراسات العليا. تمت 19 كلية وجامعة لها برامج منح درجة الدكتوراه بتسجيل ما مجموعه 59 باحثا الدارسات العليا بالدكتوراه في مجال التعليم الدوليب؛ تم التدريب ما مجموعه 1269 طالبا بالتخصصات النموذجية للغة الصينية.

في عام 2019م، يقدم أكثر من 14000 شخص بالتسجيل في مشاريع تطوعية. قام مقر معهد كونفوشيوس باختيار وإرسال 6289 مدرسًا صينيًا متطوعًا إلى 140 دولة (منطقة) لتعليم اللغة الصينية.

4. التبادل الأكاديمي

في يناير من عام 2019م، استضافت مجلة «التدريس العالمي للغة الصينية» «ندوة حول خصائص وبناء نظام المعرفة للتعليم الدولي للغة الصينية»، في مايو تم عقد «الندوة الدولية الثانية لتدريب وتطوير معلمي اللغة الصينية وتدريس اللغة الصينية الرقمية» في جامعة بكين للدراسات الأجنبية، في يونيو استضافت مطبعة جامعة اللغات والثقافة ببكين «ندوة حول طرق تدريس اللغة الصينية الدولية ونماذج التدريس القائمة على الحالات» وعقد قسم تحرير «التدريس العالمي للغة الصينية» وجامعة تشينغداو «ندوة أكاديمية للتعليم الدولي للغة الصينية في العصر الجديد»، في يوليو عُقد» المؤتمر الدولي لاكتساب اللغة الصينية في سياقات ثنائية اللغة ومتعددة اللغات» بدعم من «خطة معهد كونفوشيوس الجديدة لتدريس اللغة الصينية» في جامعة كامبريدج بالمملكة المتحدة، وفي أغسطس استضاف معهد التدريس العالمي للغة الصينية «ورشة العمل المتقدمة حول التدريس والبحث في التعليم الدولي للغة الصينية»، في سبتمبر استضافت مجلة «تدريس وبحث اللغة» «منتدى آفاق تدريس وبحث اللغة والاحتفال بالذكرى الأربعين لـ(تدريس وبحث اللغة)» ، في أكتوبر استضاف معهد التعليم الدولي للغة الصينية بجامعة اللغات والثقافة ببكين ووحدات أخرى بشكل مشترك» الندوة الأكاديمية الدولية السادسة عشرة حول اللغة الصينية كلغة أجنبية والندوة الأكاديمية الدولية الرابعة حول التعليم عن بعد والنشر للغة الصينية»، في نوفمبر استضافت اللجنة التوجيهية الوطنية لتعليم الخريجين من الدرجة المهنية في التعليم الدولي للغة الصينية «المنتدى الوطني الأول الرفيع المستوى حول تدريب مواهب المتخصصين في درجة الدكتوراه في التعليم الدولي للغة الصينية».

في ديسمبر من عام 2019م، عُقد مؤتمر التعليم الدولي للغة الصينية في مدينة تشانغشا تحت عنوان «ابتكار وتطوير تعليم اللغة الصينية دوليا في العصر الجديد» وحضر المؤتمر أكثر من 1000 ممثل عن معاهد كونفوشيوس ومؤسسات تعليم اللغة الصينية من أكثر من 160 دولة ومنطقة.

5. التعاون الخارجي الأجنبي

اعتبارًا من نوفمبر من عام 2019م، قامت 69 دولة (منطقة) في العالم بدمج تدريس اللغة الصينية في أنظمتها التعليمية الوطنية من خلال إصدار المراسم والقرارات الحكومية، والبرامج الدراسية، والمناهج وغيرها من الأشكال الأخرى، مثل: جنوب إفريقيا، وموريشيوس، وتنزانيا، والكاميرون، وزامبيا، ودول

إفريقية أخرى؛ حيث شكلت تايلاند، وماليزيا ودول جنوب شرق آسيا الأخرى نظامًا كاملًا لتدريس اللغة الصينية من التعليم قبل المدرسي والتعليم الأساسي والتعليم المهني إلى التعليم العالي من خلال السياسات واللوائح، وأدرجت الولايات المتحدة، وكندا، واليابان، وكوريا الجنوبية، وأستراليا، وروسيا ودول أخرى اللغة الصينية على التوالي كأحد موضوعات اللغة الأجنبية في امتحان القبول بالجامعة.

في عام 2019م، وقّع مقر معهد كونفوشيوس اتفاقية تعاون مع الجامعة الوطنية للغات والعلوم الاجتماعية «برايسوف» في يريفان عاصمة أرمينيا (يونيو)، وجامعة ألفادور بفرنسا (يوليو) بشأن دعم تطوير مهنية معلمي اللغة الصينية (اللغة الصينية كلغة أجنبية) وتعاون مع جامعة بيونغ يانغ للدراسات الأجنبية في كوريا الشمالية (سبتمبر)؛ لبناء مركز للغة الصينية بشكل مشترك واتفاقية تعاون مع البرتغال (أبريل) والإمارات العربية المتحدة (يوليو) لدمج اللغة الصينية في نظام التعليم الابتدائي والثانوي، ومساعدة بلجيكا في كتابة المناهج الدراسية للغة الصينية (نوفمبر) وقام معهد التدريس العالمي للغة الصينية بدعم جنوب إفريقيا للتسجيل رسميًا، وإنشاء جمعية معلمي اللغة الصينية (فبراير) إضافة إلى ضم عضوية «جمعية أبحاث اللغة الصينية كلغة ثانية» الأمريكية (أبريل).

ثالثا: آفاق التنمية

في مؤتمر التعليم الدولي للغة الصينية لعام 2019م، طرح نائب رئيس مجلس الدولة سون تشونلان ثلاثة مبادئ تستهدف تطوير التعليم الدولي للغة الصينية: الأول: التركيز على الأعمال الرئيسة للغة، والاندماج بنشاط في المنطقة المحلية، وإدراج دورات خاصة تلبي احتياجات التعاون بين الطرفين في تدريس اللغة، وتعزيز مشروع المهارات المهنية للغة الصينية بشكل إيجابي. الثاني: تحسين معايير التقييم وتعزيزها، وتحسين جودة التدريس، وتطوير مناهج تعليمية ومواد تعليمية محلية تتناسب مع الظروف المحلية. الثالث: اتباع الممارسات الدولية لنشر اللغة، والالتزام بعمليات التسويق، ودعم الجامعات والشركات والمنظمات الاجتماعية الصينية والأجنبية لإنشاء مؤسسات دولية غير حكومية للرفاهية العامة، وإقامة اتصالات واسعة النطاق مع المؤسسات، مثل: التعليم، والثقافة، والإعلام، ومراكز الفكر والمؤسسات الأخرى في مختلف البلدان، وتعزيز تنويع الكيانات التي تدير المدارس.

اقترح وزير التعليم تشين باو شنغ- أيضًا- ستة تدابير جديدة لدعم التنمية المستدامة وعالية الجودة للتعليم الصيني الدولي: الأول: تقوية وتحسين النظام الأكاديمي للبكالوريوس والماجستير والدكتوراه في التعليم الدولي للغة الصينية، ودعم الجامعات الصينية لإعداد شهادات الدكتوراه المهنية بشكل مستقل، وزيادة أعداد درجات الدكتوراه المهنية بشكل كبير. الثاني: دعم الجامعات الصينية لإنشاء كليات دولية لمعلمي اللغة الصينية، والتعاون مع الجامعات الأجنبية لإنشاء كليات وأقسام لتدريب معلمي اللغة الصينية، والتي لا تسجل الطلاب الأكاديميين فحسب، بل تنفذ التدريبات المهنية المختلفة أيضًا. الثالث: صياغة سياسات لتحسين معاملة معلمي اللغة الصينية والمتطوعين الذين يتم إرسالهم إلى الخارج، ودعم معاهد كونفوشيوس في مختلف البلدان لاختيار وتوظيف المزيد من معلمي اللغة الصينية المحليين. الرابع: دعم الخبراء الصينيين والأجانب في التنفيذ المشترك لمشروع المواد التعليمية عالية الجودة، وكتابة مواد تعليمية للغة الصينية مع مزيج من التنوع العالمي والقدرة على التكيف المحلي، وتعزيز بناء الموارد الرقمية، ورفع مستوى معاهد كونفوشيوس عبر الإنترنت، وبناء منصة عالمية لتعليم اللغة الصينية. الخامس: تحسين معايير سلسلة التعليم الدولي للغة الصينية، وتقوية تقييم ومراقبة جودة التدريس، وصياغة سياسة استخدام درجات اختبار مستوى اللغة الصينية HSK كأساس مهم للشباب من جميع البلدان للدراسة في الصين. السادس: مواصلة دعم وتشجيع المشاركة النشطة لمختلف المدارس والمؤسسات والمنظمات الاجتماعية والأفراد في الصين وحول العالم، وخاصة دعم وتشجيع الجامعات الصينية والأجنبية على المشاركة بشكل أكبر في بناء معاهد كونفوشيوس وأعمال التعليم الدولي للغة الصينية من خلال إنشاء المؤسسات بشكل مشترك وغيرها من الطرق المتنوعة الأخرى؛ وذلك من أجل لعب دور رئيس لإدارة المدارس بشكل أفضل وأكثر اكتمالا.

بالتطلع إلى المستقبل، لا تزال أمام قضية تعليم اللغة الصينية دوليا مهمة شاقة، وطريق طويل ليقطعه، لا تزال البيئة الدولية تستمر في التغير، كما سيستمر وعي مجتمع المصير المشترك للبشرية في التعمق، وستستمر مساحة بناء «الحزام والطريق» في التوسع؛ حيث تتواجد التحديات والفرص معًا، ومن الضروري تقييم الوضع بشكل أكبر، وتعميق الإصلاحات، ومواكبة العصر، والتطوير والابتكار، وتعزيز التقدم بثبات ولأبعد مدى في قضية تعليم اللغة الصينية دوليا ، وتعزيز موضوع التعليم الدولي للغة الصينية؛ لتحقيق تنمية أكبر من خلال الابتكار المستمر.

فيما يتعلق بالبناء الأكاديمي وتنمية المواهب، يمكن بذل الجهود لتقوية بناء «الأنظمة الخمسة». أولًا:

بذل الجهود لبناء نظام تعليمي متكامل لمعلمي اللغة الصينية يربط بين البكالوريوس والماجستير والدكتوراه. استكشاف نموذج نظام تعليمي جديد، مع التركيز على تقسيم العمل، والتدريب المترابط، وتوفير مسار تصاعدي مناسب للطلاب المتميزين. ثانيًا: بذل الجهود لبناء نظام تعليمي لمعلمي اللغة الصينية مع تدريب مصنف وتطوير متنوع. تدريب معلمي اللغة الصينية المتمايزين للجامعات الأجنبية أو المحلية والمدارس الدولية، وتدريب مديري التعليم ومطوري الموارد لمعاهد كونفوشيوس ومشاريع اللغة الصينية في الداخل والخارج، وتدريب خبراء تعليم المعلمين للعلوم والتخصصات. ثالثًا: بذل الجهود لبناء نظام تعليمي لمعلمي اللغة الصينية يربط بين «التعليم الأكاديمي» و«تدريب المعلمين». رابعًا: التركيز على بناء نظام تعليمي لمعلمي اللغة الصينية المحليين في الخارج للطلاب الدوليين، وتدريب معلمي اللغة الصينية المحليين ذوي الجودة العالية، ومديري التعليم لمؤسسات تعليم اللغة الصينية في الخارج. خامسًا: بذل الجهود لبناء معايير التقييم وأنظمة التقييم لمعلمي اللغة الصينية. ففي تعليم معلمي اللغة الصينية ليس من الضروري فقط تدريب المعلمين، ولكن ــ أيضًا ــ من الضروري تقديم معايير فعالة لتقييم المعلمين.

(المؤلف: ليو لي، جامعة اللغات والثقافة ببكين)

تقرير عن أوضاع البحث في تعليم للغة الصينية دوليًا

يعد تعليم اللغة الصينية دوليا مجالًا مميزًا جدًا في التعليم والتدريس، فكل خطوة من خطوات تطوره لا ترتبط ارتباطًا وثيقًا باحتياجات التبادل الثقافي الصيني الأجنبي والتعلم المتبادل بين الحضارات فحسب، بل تقدم أيضاً خصائص بناء نظام أكاديمي خاص. من منظور البحث الأكاديمي، يُظهر هذا المجال المميز حتمًا خصائص غير موجودة في التخصصات العامة من حيث البيئة الداخلية والخارجية، وموضوعات الخدمات، وأنظمة المعرفة وغيرها، إضافة إلى خصائص عصرية متميزة نسبيًا. في السنوات الأخيرة، أظهر بناء النظام التعليمي والبحث الأكاديمي والتطور الوظيفي للتعليم الدولي للغة الصينية اتجاهًا إنمائيًا قويًا، ولكن هناك أيضًا بعض المشكلات التي يجب حلها والتي تؤثر بشكل عاجل على التنمية المستدامة.

أولا: الموضوعات ذات الاهتمام في السنوات الأخيرة

تلخيصًا لحالة البحث في السنوات الأخيرة، تركز الموضوعات الأساسية لبحوث التعليم الدولي للغة الصينية التي يشكل بعضها إجماعًا واضحًا، وبعضها لا يزال مثيرًا للجدل، وهي تركز على الجوانب الآتية:

1. العلاقة بين التخصصات الأكاديمية وسوق العمل

نظرًا لأن التعليم الدولي للغة الصينية هو مهنة ونظام أكاديمي وكذلك وظيفة؛ لذلك كانت العلاقة بين تخصصات سوق العمل مشكلة أساسية يجب مواجهتها في تطوير التعليم الدولي للغة الصينية. على النقيض من ذلك، فإن «تدريس اللغة الصينية كلغة أجنبية» للطلاب الدوليين في الصين نشأ من احتياجات سوق

العمل، وحقق بناء التخصص الأكاديمي فيه إنجازات بارزة. نظراً لأن تعليم اللغة الصينية في ذلك الوقت كان يعمل بشكل أساسي في تدريس اللغة الصينية كلغة ثانية في الصين، فإن مشكلة العلاقة بين التخصصات وسوق العمل لم تكن واضحة. الفرق هو أنه في بداية هذا القرن عندما تطورت قضية تعليم اللغة الصينية لتصل إلى مرحلة «تدريس اللغة الصينية كلغة ثانية للأجانب»، حققت إشكالية تعليم الصينيين المغتربين تطورا غير مسبوق؛ إلا أنه لم يتم تنفيذ بناء التخصص الأكاديمي ذي الصلة في ذلك الوقت؛ ليتم تسليط الضوء على العلاقة بين التخصصات والوظائف، وخاصة مشكلة تغطية التخصصات الأكاديمية لاحتياجات سوق العمل. في السنوات الأخيرة، بدأت الأوساط الأكاديمية في مناقشة هذه الإشكالية الأساسية المتعلقة بوجود التخصصات وتطويرها، وتتزايد الدعوة إلى التركيز المتساوي على دراسة «التخصصات الأكاديمية» والتطوير «الوظيفي».

2. طبيعة وتوجه التخصص الأكاديمي

دائما ما كان هناك جدل قائم حول ما إذا كان التعليم الدولي للغة الصينية ينتمي إلى تخصص اللغة الصينية والأدب، أو ينتمي إلى علم أصول التعليم، أو أنه يعدّ موضوعًا متعدد التخصصات ناشئًا في التكوين. في الوقتِ الحاضر، يتم تعيين التخصص الجامعي في «تدريس اللغة الصينية كلغة أجنبية» في إطار المستوى الأول من تخصص «اللغة الصينية وآدابها» في فئة «الأدب». تم تحديد الدرجة المهنية بعد التخرج من «تدريس اللغة الصينية لمتحدثي اللغات الأخرى» في إطار المستوى الأول من «علم أصول التعليم» وقد تسبب هذا التصنيف في كثير من النقاش. إن ضبابية التصنيف تؤثر بشكل مباشر على الإعداد المهني ونظام المناهج وأهداف التدريب وما إلى ذلك. الوضع الأساسي الحالي هو أن الأوساط اللغوية مهتمة جدًا بموضوع انتمائه التخصصي، في حين أن الأوساط التعليمية لا تعير ذلك المبحث الاهتمام نفسه، ومحتوى تدريس موضوعه الأكاديمي هو في الغالب اللغة واللغويات والتخصصات ذات الصلة، والمحتوى المتعلق بعلم التربية يكمن فقط في عدد قليل من الدورات التكميلية. ومن ذلك يمكن ملاحظة، أن اتجاه التعليم الدولي للغة الصينية يميل إلى علم اللغة الأكثر منطقية.

3. الوظيفة الأساسية للتعليم الدولي للغة الصينية

تعدّ اللغة حاملةً مهمةً للثقافة، وترتبط وظيفة تدريس اللغة ارتباطًا مباشرًا باللغة والثقافة. وتعتمد

الوظيفة الأساسية للتعليم الدولي للغة الصينية على تعليم اللغة وتدريسها، وتعميم الترويج الثقافي؛ وذلك أن الأوساط الأكاديمية لها إدراك مختلف. وفى السنوات الأخيرة، يدافع موضوع الإدراك عن العودة إلى جوهر تعليم اللغة، أي اتخاذ تدريس اللغة الصينية كأساس، ويتم تحقيق وظائف أخرى في تدريس اللغة من خلال استراتيجيات خاصة. في هذا الوقت، تعد كيفية عكس الخصائص الثقافية الصينية التي يحملها الصينيون في التعليم الدولي للغة الصينية، وكيفية تقديم إسهامات جديدة لبناء مجتمع مصير مشترك للبشرية من خلال التعليم الدولي للغة الصينية مقترحين جديدين في مجال التعليم الدولي للغة الصينية.

4. الدليل المعرفي للتخصص الأكاديمي

إذا كان التعليم الدولي للغة الصينية يعدّ تخصصًا مستقلًا أو موضوعًا ناشئًا متعدد التخصصات، فإن المهمة الأولى هي بناء نظام معرفة متخصص أكاديميّ؛ لأنه عامل رئيس في تحديد المستوى العلمي للتعليم الدولي للغة الصينية. لقد أدركت الأوساط الأكاديمية أن نظام التعليم الدولي للغة الصينية يجب أن يشتمل على ثلاثة أجزاء على الأقل: أولها: هو النظرية الأساسية التي تدعم التخصص الأكاديمي، والتي تشير إلى التخصصات الأساسية التي تدعم تطوير التعليم الدولي للغة الصينية، مثل: علم اللغة، وعلم التربية، وعلم النفس، وما إلى ذلك، والثاني: هو نظام النظرية الأساسية للتخصصات الفرعية، والذي يشير إلى النظرية الأساسية لموضوع التعليم الدولي نفسه للغة الصينية. على سبيل المثال: معرفة اللغويات الصينية، والمعرفة الاجتماعية والثقافية للتعليم الدولي للغة الصينية، ونظرية اكتساب اللغة الصينية، ونظرية التعليم كلغة ثانية، وأساليب البحث الأساسية للتخصصات ذات الصلة، والثالث: هو البحث التطبيقي لبناء التخصص الأكاديمي، والذي يشير إلى استخدام نظرية التخصص الأكاديمي لإجراء بحث متخصص حول التصميم العام، وإدارة التعليم، وتدريب المعلمين، وتطوير مواد التعليم، والتعليم في الفصول الدراسية، وتقييم الاختبارات، وبناء الموارد وإلخ.

5. المعلمين، والمادة العلمية، وطرق التعليم

هذه هي «التعاليم الثلاثة» التي كانت موضع اهتمام كبير في التعليم الدولي للغة الصينية. ونظرًا لأن تنفيذ التعليم الدولي للغة الصينية يتم بشكل أساسي في دول أجنبية، إضافة إلى ذلك، ظهر اتجاه التعميم والتوجه إلى الفئة الصغيرة العمر لمواد التعليم؛ لذا ظهرت مشكلة «التعاليم الثلاثة» في وضع جديد أكثر تعقيدًا وتنوعًا.

فعلى وجه الخصوص، تجسيد المشاكل المحلية/ الوطنية، وتنوع البلدان، والتمايز اللغوي، والعرقي في كل جانب من جوانب «التعاليم الثلاثة». لذلك، حظيت الأبحاث المتعلقة بظروف المعلم وتدريبه، والبحث وتجميع مواد التعليم المتمايزة، واستراتيجيات التعليم القائمة على الكفاءة والموهبة باهتمام واسع النطاق.

6. التعليم الصيني في الخارج

لا تشمل أهداف التعليم الدولي للغة الصينية الأجانب غير الصينيين فحسب، بل تشمل أيضًا الصينيين الأجانب والصينيين المغتربين الذين يعيشون وأطفالهم في دول أجنبية لفترة طويلة. لذلك، يعد تعليم الصينيين في الخارج جزءًا مهمًا وفريدًا من استراتيجية التعليم الدولي للغة الصينية. ونظرًا لتنوع اللغات والخلفيات الثقافية وتعقيدها، يعد التعليم الصيني في الخارج فريدًا وغنيًا في مستوياته الداخلية. نظام المعرفة لديه قواسم مشتركة مع تعليم وتدريس اللغة الصينية كلغة ثانية/ لغة أجنبية بالمعنى العام. هناك أيضًا اختلافات كبيرة؛ لذلك أجرت الدوائر الأكاديمية بحثًا خاصًا حول تصميم برامجها، وتصميم المناهج، وتجميع الكتب المدرسية، والتعليم في الفصول الدراسية، وتقييم الاختبارات، وتدريب المعلمين، وخصائص التعلم، وما إلى ذلك، وأصبحت نقطة ساخنة للبحث في السنوات الأخيرة.

7. بناء وتطوير معاهد كونفوشيوس

بعد 15 عامًا من البناء، دخل معهد كونفوشيوس في مرحلة التطوير الدلالي. وفيما يتعلق بالسياسة الوطنية لبناء معاهد كونفوشيوس، ونظام الإدارة، وآلية التشغيل، ومفهوم التنمية، وبيئة البناء وهيئة التعليم، وتصميم المناهج، والموارد التعليمية، وطريقة التعليم، وما إلى ذلك، فجميعها إشكاليات بحاجة إلى القيام بالمزيد من البحث في ظل الوضع العالمي الجديد.

8. تطوير تعليم الإنترنت وبناء المنصات والموارد

مع تطور تكنولوجيا المعلومات، خضعت بيئة التعليم الدولي للغة الصينية لتغييرات أساسية، وبدأ نموذج «التعليم السحابي» في عصر الإنترنت عبر الهاتف المحمول يتشكل تدريجيًا. في السنوات الأخيرة، اهتم التعليم الدولي للغة الصينية ببناء منصات تعليمية وتعليمية متنوعة وقواعد معلومات للمصادر، وأجرى أبحاثًا على أساس قواعد الموارد ذات الصلة. تتضمن هذه الأنظمة الأساسية ومكتبات الموارد منصات

البث عبر الإنترنت، ودورات ضخمة على شبكة الإنترنت المفتوحة، والدورات التدريبية عبر الإنترنت والمجموعات، ومكتبات المواد الدراسية، ومكتبات الكتب المدرسية، ومكتبات الحالات، والمناهج التعليمية، ومواد تكميلية للتدريس، ومجموعات من الرسائل. من بينها، تم إجراء البحث اللغوي وبحوث الاستحواذ على أساس مجموعة الكتب ومكتبة الكتب المدرسية وما إلى ذلك بشكل كامل نسبيًا.

ثانيا: قضايا تتطلب حلا سريعا

من منظور المهمة التاريخية والتطور الواقعي للتعليم الدولي للغة الصينية، هناك بعض المشاكل التي تتطلب حلا سريعا في التعليم الدولي للغة الصينية الحالي سواء أكانت من حيث التطوير الوظيفي، أم من حيث البناء العلمي. فيما يلي قائمة مختصرة بالعديد من الجوانب الأكثر بروزا من منظور البناء العلمي والتطوير في التعليم الدولي للغة الصينية.

1. العلاقة بين الوظيفة والتخصص الأكاديمي ليست واضحة بما فيه الكفاية

نظرًا لأن التعليم الدولي للغة الصينية له طبيعة مزدوجة ومهام تتعلق بالوظيفة والعلم، فمن الطبيعي أن يكون هناك تداخل بين الاثنين، ومع ذلك، إذا كان هناك موقف يحل فيه التطوير الوظيفي محل البناء العلمي ويخفيه لفترة طويلة، فمن السهل تجاهله أو الحد من البناء العلمي وتطويره، لا سيما في جوانب التصميم العام وتخصيص الموارد، وبناء الفريق والبحث النظري الأساسي، وتحويل الإنجازات الأكاديمية، وغيرها من الجوانب الأخرى.

2. فهم الوضعية والدلالة العلمية ليست واضحة بما فيه الكفاية

هذه قضية طويلة الأمد، وكانت مثيرة للجدل بشكل مستمر من تطوير تدريس اللغة الصينية كلغة أجنبية حتى التعليم الدولي للغة الصينية. يعتقد البعض أنه علم فرعي في اللغويات (جزء من اللغويات التطبيقية)، ويعتقد البعض أنه علم فرعي في التعليم، ويعتقد البعض أنه علم متعدد التخصصات في اللغويات والتعليم، ويعتقد البعض أنه علم متعدد التخصصات ناشئ مستقل، ويعتقد البعض - أيضًا - أن مهمته الرئيسة هي نشر الثقافة الصينية؛ لذلك فهي مرتبطة ارتباطًا وثيقًا بدراسات وسائل الإعلام. تختلف أسس الحجج، ويختلف

الفهم، مما يجعل اتجاه التطوير العلمي غير واضح، وغالبًا ما تكون هناك حالة من التأرجح.

3. نظام المعرفة العلمي ليس كاملا بما فيه الكفاية

نظرًا لأن الموضع العلمي غير واضح بما فيه الكفاية، لم يتم بعد تشكيل فهم موحد لكيفية تشكيل نظام المعرفة العلمي في التعليم الدولي للغة الصينية، من الواضح الآن بشكل عام، أن النظريات الأساسية باعتبارها علوما داعمة تشمل: علم اللغة، وعلم أصول التدريس، وعلم النفس، وما إلى ذلك؛ لذا فإن العلاقة بين علم اللغة، وعلم أصول التدريس في نظام المعرفة الأساسي ليست واضحة. في الوقت الحالي لا يولي مجتمع اللغويات اهتمامًا خاصًا لبحث وتطوير التعليم الدولي للغة الصينية؛ حيث لا تزال القوة الدافعة الرئيسة للتعليم الدولي للغة الصينية تأتي من مجتمع اللغويات؛ لذلك لم يولِ مجتمع اللغويات اهتمامًا كافيًا للمشاكل النظرية لعلم أصول التدريس الموجودة في التعليم الدولي للغة الصينية. إضافة إلى العلوم الأساسية، لم تتم دراسة النظام الداخلي للنظام النظري الأساسي، ونظام البحث التطبيقي في التعليم الدولي للغة الصينية بشكل كامل.

4. نقص نسبي في التصميم العام، والتصميم الرفيع المستوى

منذ القرن الجديد، مقارنة بمرحلة البناء العلمي في تدريس اللغة الصينية كلغة أجنبية، فإن التصميم العام في المجال العلمي للتعليم الدولي للغة الصينية هو أساس في مرحلة الوجود الصيني في العديد من الجوانب، ومسار التصميم الرفيع المستوى العلمي على أساس الذروة الاستراتيجية ليس واضحًا بدرجة كافية. خاصة في العصر الجديد، ومع تطور معاهد كونفوشيوس، وتعميق تدريس اللغة الصينية في الخارج، وتعميم موضوعات التدريس، وظهور ظاهرة الشباب، وزيادة مهام تدريس اللغة الصينية غير الشائعة الاستخدام، وتعزيز التدريس التحضيري، وما إلى ذلك، فإن التعليم الدولي للغة الصينية بحاجة أكثر إلى إعادة تخطيط جميع الجوانب والروابط التي تنطوي عليه من المستوى العام والمستوى الأعلى، وصياغة خطط طويلة المدى. هناك نقطة خاصة يجب الإشارة إليها وهي أن النقص النسبي في التصميم العام، والتصميم الرفيع المستوى يرتبط أيضًا ارتباطًا مباشرًا بغياب التوجيه الأكاديمي للمعاهد ذات الصلة، وبالتالي تأخير تطوير موضوع التعليم الدولي للغة الصينية. ويتطلب هذا أيضًا من الأكاديميين والإداريين إعادة التفكير وتحديد وظائف المعاهد ذات الصلة.

5. البحث النظري الأساسي ليس بالعمق الكاف.

إن التعليم الدولي للغة الصينية هو علم ذو فترة تطوير ليست بطويلة، ولا يزال توجد به اختلافات كبيرة في فهم مختلف الأطراف؛ لذلك يجب إجراء البحث حول النظرية الأساسية بشكل شامل ومتعمق. نظرًا للتطور السريع للوضع الحالي في المجالات المختلفة في الداخل والخارج، لا يمكن تحسين الطبيعة العلمية والاكتمال والقدرة على التنبؤ والقدرة على التكيف للبناء العلمي إلا من خلال إجراء أعمال البحوث الأساسية في البحث النظري، والبحث التطبيقي وممارسة التدريس، وغيرها من الجوانب الأخرى. على وجه الخصوص، لا يزال البناء النظري الأساسي لمعاهد كونفوشيوس وفصول كونفوشيوس الدراسية في مرحلة فارغة نسبيًا، ومن الضروري اعتباره موضوعًا رئيسا لإجراء بحث منهجي طويل المدى من أجل تحقيق التنمية المستدامة.

6. آلية الابتكار لتنمية المواهب ذات المستويات المتعددة، والمواصفات العالية ليست سلس.

نظرًا لأن التعليم الدولي للغة الصينية له سمات مزدوجة من العلم والوظيفة؛ لذلك يجب تنمية المواهب الموجهة نحو البحث العلمي والمواهب الموجهة نحو التدريس، وتنمية المواهب الموجهة نحو الإدارة المهنية، وكذلك تنمية المواهب المركبة التي تتمتع بكلتا الخاصيتين. في الوقت الحاضر، ابتكار آلية تنمية المواهب على جميع المستويات غير كافية، وحالة الحاجة الملحة للتعليم العاجل شائعة نسبيًا. تدريب المعلمين غير مستهدف بشكل كاف، والتخطيط العام ليس بالقوة الكافية. فيما يتعلق بتنمية المواهب ذات المواصفات العالية في الوقت الحاضر، إضافة إلى الاهتمام بتنمية المواهب الأكاديمية لطلاب الدراسات العليا بالماجستير والدكتوراه، فإن الجوانب الأخرى ليست كافية. وخاصة أن التدريب وبناء الفريق للمعلمين الأجانب المحليين والمواهب الإدارية في حاجة أكثر إلى إجراء تصميم رفيع المستوى وتخطيط شامل على المستوى الوطني.

(المؤلف: شي تشون هونغ، جامعة اللغات والثقافة ببكين)

II التقارير الفرعية

تقرير عن تطوير بناء معلمي التعليم الدولي للغة الصينية

بدأ تدريس اللغة الصينية كلغة أجنبية بعد تأسيس جمهورية الصين الشعبية من «الفصل المتخصص في اللغة الصينية لتبادل طلاب أوروبا الشرقية» الذي تأسس في جامعة تشينغهوا في يوليو 1950 وتم افتتاحه في أوائل عام 1951م، يضم هذا الفصل 33 طالبًا أجنبيًا و6 مدرسين للغة الصينية. في عام 1961م، اختارت وزارة التعليم العالي معلمي اللغة الصينية الاحتياطيين للسفر للخارج (1961م- 1964م)، ومن هنا بدأ تدريب معلمي تدريس اللغة الصينية. في صيف عام 1965م، أقام معهد بكين للغة والثقافة أول فصل لتدريب معلمي اللغة الصينية للطلاب الأجانب. في عام 1978م، افتتح معهد بكين للغة والثقافة «تخصص اللغة الصينية الحديثة» (البكالوريوس) بنظام تعليمي مدته أربع سنوات، ومتخصص في تدريب معلمي اللغة الصينية وغيرها من المواهب في المجالات الأخرى. في الثمانينات والتسعينات التي تلت ذلك مباشرة، تم افتتاح تخصصات البكالوريوس، والماجستير والدكتوراه باللغة الصينية كلغة أجنبية واحدة تلو الأخرى، وتخصصت في تدريب المعلمين المعنِيّين بتدريس اللغة الصينية كلغة ثانية.

أولا: تنمية المواهب

يعد تدريب معلمي اللغة الصينية عملية طويلة الأمد، حيث يجب أن يصبح في النهاية معلم اللغة الصينية ناضجا، وذي خبرة؛ وذلك من خلال التعلم المهني المستمر في الفصول الدراسية وأنشطة التعلم الذاتي بعد الفصول الدراسية، والمشاركة في ممارسة التدريس، وتصحيح الأخطاء تدريجيًا، وتأسيس الموقف المهني الصحيح والوعي المهني.

عززت الصين بقوة تطوير موضوع التعليم الدولي للغة الصينية، وحسنت باستمرار نظام تنمية مواهب معلمي التعليم الدولي للغة الصينية؛ وذلك من أجل تلبية الطلب المتزايد في الخارج على معلمي اللغة الصينية الدوليين. في الوقت الحالي، إضافة إلى التخصص الجامعي للتعليم الدولي للغة الصينية، تشمل تنمية مواهب معلمي التعليم الدولي للغة الصينية بشكل أساسي مستويَيْن من طلاب الدراسات العليا بالماجستير وطلاب الدارسات العليا بالدكتوراه، وتغطي أربعة أنواع: الماجستير، والدكتوراه الأكاديمية، والماجستير، والدكتوراه المهنية. ووفقًا للإحصائيات، ففي عام 2019م، كانت الصين تمتلك أكثر من 100 كلية وجامعة تشارك في تنمية مواهب المعلمين المعنيين بالتعليم الدولي للغة الصينية، والتي تم توزيعها في 29 مقاطعة ومناطق ذاتية الحكم ومدن باستثناء مقاطعة تشينغهاي ومنطقة التبت ذاتية الحكم (لم يتم تضمين هونغ كونغ وماكاو وتايوان).

1. الماجستير الأكاديمي

بداية من تسعينات القرن العشرين، بدأ إنشاء برامج منح درجة الماجستير المتعلقة بتدريس اللغة الصينية كلغة أجنبية، مما فتح المجال لتنمية المواهب ذات المستوى العالي في هذا المجال. تبلغ مدة دراسة الماجستير الأكاديمي3 سنوات.

في عام 2019م، قامت 82 كلية وجامعة في جميع أنحاء البلاد بتسجيل الماجستير الأكاديمي المهني في اللغويات واللغويات التطبيقية (تدريس اللغة الصينية كلغة أجنبية، وغيرها من الاتجاهات الأخرى)، ومع ذلك، منذ عام 2006م، عندما بدأ الماجستير المهني للتعليم الدولي للغة الصينية في التسجيل التجريبي للطلاب، أخذ عدد درجات الماجستير المهني في الازدياد، وأخذ عدد درجات الماجستير الأكاديمي في التناقص. في الوقت الحاضر، عدد الطلاب المسجلين بدرجة الماجستير الأكاديمي في معظم وحدات التدريب أقل بكثير من عدد طلاب الماجستير المهني.

2. الدكتوراه الأكاديمية

في عام 1997م، اعتمدت لجنة الدرجات الأكاديمية التابعة لمجلس الدولة إنشاء برامج لمنح درجة الدكتوراه في «اللغويات واللغويات التطبيقية» (رقم 050102)، وبدأ التسجيل في العام التالي. في عام 2015م، أضافت جامعة اللغات والثقافة ببكين بشكل مستقل برنامج الدكتوراه الثانوي في تخصص «التعليم

الدولي للغة الصينية» لتسجيل الطلاب رسميًا، وهذا أول برنامج دكتوراه في جميع أنحاء البلاد يحمل اسم التعليم الدولي للغة الصينية (أي تدريس اللغة الصينية كلغة أجنبية). وتتراوح مدة دراسة درجة الدكتوراه الأكاديمية من 3 إلى 4 سنوات.

في عام 2019م، سجلت 59 كلية و 79 جامعة فردا بدرجة الدكتوراه الأكاديمية للتخصصات المتعلقة بالتعليم الدولي للغة الصينية.

3. الماجستير المهني

من أجل تلبية الطلب المتزايد على معلمي اللغة الصينية في جميع أنحاء العالم، في عام 2006م، بدأ الماجستير المهني للتعليم الدولي للغة الصينية (سُمي لاحقًا) التسجيل التجريبي للطلاب. في عام 2007م، تم تضمين هذا التخصص رسميًا في كتالوج طلاب الدراسات العليا المسجلين بدرجة الماجستير، ومنذ عام 2008م، بدأت الكليات والجامعات في جميع أنحاء البلاد في تسجيل الطلاب رسميًا. تتراوح المدة الدراسية لدرجة الماجستير في التعليم الدولي للغة الصينية بشكل عام من سنتين إلى 3 سنوات. في بداية إنشاء درجة الماجستير المهني، كان نظام التعليم لكل وحدة تدريبية لمدة عامين بشكل أساسي، وفي السنوات الأخيرة، ازداد عدد الوحدات التدريبية التي تطبق نظام الثلاث سنوات بشكل تدريجي. اعتبارًا من عام 2018م، يوجد 148 وحدة تدريب لدرجة الماجستير المهني في التعليم الدولي للغة الصينية في جميع أنحاء البلاد، والتي دربت حوالي 48000 شخص لأكثر من عشر سنوات.

في عام 2019م، سجلت 148 كلية وجامعة محلية 6520 اسما بدرجة الماجستير المهني في التعليم الدولي للغة الصينية. من بينهم، 5209 طالب صيني و1311 طالبا أجنبيا. ووفقًا للإحصائيات- اعتبارًا من عام 2019م- تم تدريب حوالي 55000 شخص بدرجة الماجستير المهني في التعليم الدولي للغة الصينية. من بينهم حوالي 43000 طالب صيني و12000 طالب أجنبي.

في الوقت الحاضر، أصبح الماجستير المهني في التعليم الدولي للغة الصينية النوع الأوسع نطاقا والأكبر في حجم الإرسال إلى الخارج من مواهب معلمي اللغة الصينية في نظام تدريب مواهب معلمي التعليم الدولي للغة الصينية في الصين. لذلك فإن تنمية هذا النوع من المواهب مهم للغاية، ويستقطب الكثير من الاهتمام، ففي كل عام توجد عدة منتديات مهنية في جميع أنحاء الدولة لمناقشة القضايا المتعلقة بتنمية هذا النوع من

المواهب. ووفقًا للمسح، يعد إعداد المناهج في البرامج التدريبية لهذا النوع من المواهب في كل وحدة تدريبية _ باستثناء الدورات المهنية الإجبارية «تدريس اللغة الصينية كلغة ثانية» «مقدمة في اكتساب اللغة الصينية كلغة ثانية» «مقدمة في الثقافة الصينية» «التواصل بين الثقافات ونشرها» «تنظيم وإدارة الفصول الدراسية» وغيرها من الدورات والدورات الاختيارية في الثقافة وتعليم اللغات وعلم أصول التدريس، وإعداد دورات ممارسة التدريس ولوائح ممارسة التدريس في الخارج لمدة عام واحد التي تنفذها بعض الوحدات التدريبية _ خاصيةً ونقطةً بارزة لأعمال تنمية هذا النوع من المواهب.

4. الدكتوراه المهنية

من أجل تحسين مستوى تدريب المواهب في التعليم الدولي للغة الصينية، في عام 2018م، اعتمدت وزارة التعليم قيام 12 كلية وجامعة بالتسجيل التجريبي لطلاب الدراسات العليا بدرجة الدكتوراه المهنية في اتجاه التعليم الدولي للغة الصينية، وتنمية المواهب الصينية والأجنبية المركبة ذات المستوى العالي في التعليم الدولي للغة الصينية والنشر الدولي للثقافة الصينية. في العام نفسه قامت 7 كليات وجامعات محلية بتسجيل 22 طالب دكتوراه من هذا النوع. تعد الدكتوراه المهنية في التعليم الدولي للغة الصينية دراسة وعملًا على حد سواء، وتتراوح مدة التعليم بشكل عام من 4 إلى6 سنوات.

ووفقًا للإحصائيات، في عام 2019م، سجلت 19 كلية وجامعة في جميع أنحاء البلاد 59 طالبًا من طلاب الدكتوراه المهنية في التعليم الدولي للغة الصينية. بحلول نهاية عام 2019م، كان هناك81 طالب دراسات عليا بدرجة الدكتوراه المهنية يدرسون التعليم الدولي للغة الصينية في19 كلية وجامعة.

وعلى مدار عام 2019م، تم تسجيل أكثر من 7000 طالب دراسات عليا بدرجة الماجستير وبدرجة الدكتوراه من الأنواع الأربعة المذكورة أعلاه في 148 جامعة تدريبية في جميع أنحاء البلاد.

باختصار، فإن الوضع الحالي لتطوير تنمية مواهب المعلمين في التعليم الدولي للغة الصينية يقدم الخصائص الآتية: أولا: نظام تنمية المواهب مكتمل للغاية، تم تحقيق آلية متكاملة لتدريب طلاب البكالوريوس وطلاب الدراسات العليا بدرجة الماجستير (المهنية والأكاديمية) وطلاب الدراسات العليا بدرجة الدكتوراه (المهنية والأكاديمية) في التخصصات ذات الصلة، وتوفير ضمان قوي؛ لتلبية احتياجات التعليم الدولي للغة الصينية وتخفيف النقص في المعلمين، واحتياطي المواهب البحثية لتطوير التعليم الدولي للغة الصينية. ثانيًا:

يعد تدريب درجة الماجستير المهنية في التعليم الدولي للغة الصينية ضمانًا مهمًا لتزويد مواهب ممارسة التدريس في التعليم الدولي للغة الصينية، وهو أحد الأعمال الجوهرية لتطوير قضية التعليم الدولي للغة الصينية. بعد سنوات من العمل الجاد والتطوير، حقق الطلب على معلمي اللغة الصينية في الخارج وتزويد مواهب المعلمين المهنيين المحليين بشكل أساسي التوازن بين العرض والطلب.

في عام 2019م، دعمت الصين أيضًا 17 جامعة في 12 دولة لإنشاء تخصص لتدريب معلمي اللغة الصينية، والذي يتخصص في أعمال تدريب معلمي اللغة الصينية المحليين.

ثانيا: تدريب وتأهيل المعلمين

من أجل تلبية احتياجات مختلف البلدان في العالم لتحسين مستوى القدرة العملية لمعلمي اللغة الصينية أثناء العمل، قامت الصين من خلال طرق مختلفة بتدريب معلمي اللغة الصينية المحليين من مختلف البلدان في العالم والمعلمين الذين أرسلتهم الصين للتدريس في الخارج.

1. تدريب معلمي اللغة الصينية

(1) التدريب قبل عمل المعلمين المرسلين للتدريس في الخارج من قبل الحكومة الصينية.

تم تدريب 925 فردا من معلمي اللغة الصينية المعينين حديثا الذين تم إرسالهم من قبل الحكومة الصينية للتدريس في 155 دولة ومنطقة.

(2) تدريب المعلمين المحليين الذين يأتون إلى الصين.

وفقًا للإحصائيات، في عام 2019م، تم تدريب 953 فردا من معلمي اللغة الصينية المحليين من 56 دولة ومنطقة.

(3) يسافر الخبراء إلى الخارج لتدريب المعلمين المحليين.

وفقًا للإحصائيات، في عام 2019م، أرسلت الصين عددًا من مجموعات الخبراء إلى13 دولة لتدريب 783 فردا من معلمي اللغة الصينية المحليين.

2.تدريب معلمي اللغة الصينية المتطوعين

(1) تدريب ما قبل العمل لمعلمي اللغة الصينية المتطوعين.

وفقًا للإحصائيات، في عام 2019م، تم تدريب ما يقرب من 4700 فرد من معلمي اللغة الصينية المتطوعين المعينين حديثا وإرسالهم إلى 140 دولة ومنطقة.

(2) تدريب أثناء العمل لمعلمي اللغة الصينية المتطوعين.

وفقًا للإحصائيات، في عام 2019م، أجرت 17 دولة تدريبات أثناء العمل لمعلمي اللغة الصينية المتطوعين، بإجمالي أكثر من 3700 شخص تم تدريبهم.

بشكل عام، في عام 2019م، دربت الصين 1736 معلمًا محليًا، و925 فردا من المعلمين المرسلين من قبل الحكومة والمعينين حديثًا، وأكثر من 8400 شخص من معلمي اللغة الصينية المتطوعين (بما في ذلك التدريب قبل العمل والتدريب أثناء العمل). على مدار العام بأكمله، تم تدريب أكثر من 11000 مدرس من مختلف أنواع التعليم الدولي للغة الصينية.

ثالثا: المعلمين في الخارج

في عام 2019م، وفقًا للطلب على معلمي اللغة الصينية في الخارج، أرسلت الصين، 9922 فردا من معلمي اللغة الصينية (بما في ذلك المعلمين المرسلين من قبل الحكومة والمتطوعين) إلى 155 دولة ومنطقة في الخارج من خلال الاختيار والتدريب. من بينهم، تم إرسال 6289 مدرسًا للغة الصينية متطوعًا إلى 140 دولة ومنطقة لتدريس اللغة الصينية، وتم إرسال 3633 مدرسًا مرسلا من قبل الحكومة إلى الجامعات والمدارس المتوسطة والابتدائية في 155 دولة ومنطقة. ومن بين المعلمين المرسلين من قبل الحكومة، تم إرسال 3006 مدرس للتدريس في 416 معهدا كونفوشيوسيا و66 فصلًا كونفوشيوسيا في 152 دولة ومنطقة، وتم إرسال 627 مدرسًا للتدريس في الجامعات والمدارس المتوسطة والابتدائية التي لا تخضع لنظام معهد كونفوشيوس. ومن بين المعلمين المتطوعين، يعمل 3031 معلما في نظام معهد كونفوشيوس (الفصول الدراسية)، ويعمل 3258 معلما في الجامعات المحلية والمدارس المتوسطة والابتدائية التي لا تخضع لنظام معهد كونفوشيوس والفصول الدراسية الكونفشيوسية.

في عام 2019م، تم توظيف 219 مدرسًا للغة الصينية محليًا في 43 دولة على طول «الحزام والطريق».

انطلاقًا من عدد الطلبات على معلمي اللغة الصينية التي تم تقديمها من قبل الدول الأجنبية وعدد المعلمين والمتطوعين الذين أرسلتهم الصين، وحجم الوحدات التدريبية المحلية لبرامج درجة الماجستير المهنية في التعليم الدولي للغة الصينية على مدار عام 2019م، فقد حقق الطلب على معلمي اللغة الصينية في الخارج وحجم تدريب المعلمين المحليين وإرسالهم بشكل أساسي التوازن بين العرض والطلب.

(المؤلفان: تشو روبينغ، ليو شو، جامعة المعلمين ببكين)

تقرير عن بناء وتطوير المواد التعليمية لتعليم اللغة الصينية على المستوى الدولي

أولا: مسيرة بناء المواد التعليمية

يعدّ أول كتاب مدرسي عن اللغة الصينية كلغة أجنبية نُشر بعد تأسيس جمهورية الصين الشعبية هو «كتاب النصوص للغة الصينية» (لدينغ يي، عام 1958م)، وفي خلال الفترة نفسها، كانت هناك «كتب النصوص للغة الصينية» البلغارية الأجنبية (لتشو ديشه وتشانغ سنفينغ، عام 1954م)، وغيرها.

منذ الإصلاح والانفتاح، تطور بناء المواد التعليمية وتعليم اللغة الصينية على المستوى الدولي في آنٍ واحد. بعد إنشاء الخانبان في عام 1987م، شجع بقوة على البحث والتطوير في المواد التعليمية. بحلول نهاية عام 2013م، نظم مقر معهد كونفوشيوس ونشر حوالي ثلاثة آلاف إصدار/ نوع من الكتاب المدرسي الصيني، بما في ذلك الكتب المدرسية للجامعات والمدارس الإعدادية والابتدائية، وكتب الدراسة الذاتية، والكتيبات ومواد القراءة (الكتب والمجلات- المترجم) والكتب المرجعية، والمواد التعليمية الإرشادية للامتحانات، ومعايير وبرامج التدريس، وغيرها، وتم وضع إطار أساسي للكتب المدرسية الصينية الدولية. وبحلول عام 2017م تم توزيع أكثر من ثلاثين مليون نسخة من المواد التعليمية على مائة وسبعين دولة ومنطقة، كما توفر المكتبة الرقمية مصادر رقمية للثقافة واللغات، والعلوم الإنسانية والاجتماعية.

منذ القرن الحادي والعشرين، أظهر البحث والتطوير للمواد التعليمية الصينية الدولية خصائص واتجاهات تطوير جديدة. أولًا: ارتفع عدد المنشورات إلى ألف وثلاثمائة وثلاثة وسبعين إصدارًا/ نوعًا

تمثل 13.6٪ قبل عام 2000م، في حين أنه في هذا القرن ارتفع إلى ثمانية آلاف وسبعمائة وخمسة وثلاثين إصدارًا/ نوعًا تمثل 86.4٪. ثانيًا: كان هناك ست عشرة لغة وسيطة في القرن الماضي، في حين أنه في هذا القرن هناك أكثر من أربعين لغة. ثالثًا: ارتفعت نسبة كتب الأطفال المدرسية، ففي القرن الماضي كان هناك مائتان واثنان وأربعون إصدارًا/ نوعًا، تمثل 17.63٪، في حين أنه في هذا القرن به ألفان وثمانمائة وثلاثة وثمانون إصدارًا/ نوعًا، تمثل 33.01٪. رابعًا: كانت الكتب التعليمية الخاصة أقل من 1٪ في القرن الماضي، في حين أنه في هذا القرن بلغت أكثر من 5٪. وبحلول نهاية عام 2018م، تحتوي قاعدة بيانات الكتب التعليمية الصينية العالمية لقاعدة تدريب وتطوير الكتب التعليمية الصينية الدولية على معلومات لأكثر من سبعة عشر ألف وثمانمائة إصدار/ نوع من الكتب التعليمية الصينية الدولية قيد الاستخدام، وقد نشرت في أربعين دولة، بست وخمسين لغة تدريس وسيطة. اتجاه تطوير المواد التعليمية الصينية العالمية: التحول من العناصر الرئيسة للغة إلى الجمع بين اللغة والتواصل والثقافة، تنويع طرق التدريس، صقل مهارات الاتصال.

ثانيا: الوضع الراهن للتطوير المحلي

بحلول نهاية عام 2019م، إحصائيات حول معلومات المواد التعليمية لاثنين وعشرين دار نشر: إجمالي ستمائة وسبعة وستين إصدارًا/ نوعًا، ست عشرة لغة وسيطة (اللغة الصينية، واللغة الإنجليزية، واللغة الكورية، واللغة الفرنسية، واللغة الروسية، واللغة الألمانية، واللغة العربية، واللغة الإسبانية، واللغة الإندونيسية، واللغة التايلاندية، واللغة المنغولية، واللغة الرومانية، واللغة التشيكية، واللغة الهولندية، واللغة البولندية، ولغة الهوسا، ثنائية اللغة/ متعددة اللغات).

1. المواد التعليمية ومواد القراءة

يوجد مائة وأربعون كتابًا/ نوعًا من المواد التعليمية في الفصول الدراسية في الصين، من بين تلك الكتب مائة وواحد وثلاثون إصدارًا/ نوعًا من الكتب التعليمية الصينية العامة، وتسعة إصدارات/ أنواع من الكتب التعليمية الصينية الخاصة. تعد المواد التعليمية أكثر ملاءمة لاحتياجات تدريس اللغة الصينية في

العصر الجديد. على سبيل المثال: «دورة اللغة الصينية المكثفة التحضيرية» التي نشرتها دار نشر جامعة اللغات والثقافة ببكين (ستة إصدارات) و«التعلم في الصين» التي نشرتها دار نشر دراسات وبحوث اللغات الأجنبية (أربعة إصدارات) والالتزام بمنهج «امتحان التعليم التحضيري للطلاب الدوليين الجامعيين في الصين في إطار منحة الحكومة الصينية» لتلبية الطلب المتزايد من الطلاب الأكاديميين القادمين إلى الصين. تشمل المواد التعليمية التي تنطبق على التخصصات والمتطلبات الأكاديمية «اللغة الصينية المهنية للعلوم والتكنولوجيا: الفيزياء» و«القراءة الأطروحة وكتابة المقال للطلاب الوافدين» و«الكتاب الأطروحة». قامت دار النشر التجارية بتجميع «المواد التعليمية للدورات المفتوحة عبر الانترنت واسعة النطاق بجامعة بكين MOOC: الرموز الصينية» من أجل دعم «محاضرات عبر الانترنت- محاضرات الرموز الصينية»، والتي تتم مزامنتها مع الدورات المفتوحة عبر الإنترنت MOOC.

تولي المواد التعليمية في الفصول الدراسية مزيدًا من الاهتمام لاحتياجات المتعلمين من مختلف الأعمار. في عام 2019م، تم دراسة وتطوير ثلاثة وتسعين إصدارًا/ نوعًا من المواد التعليمية للجامعات والكبار، وتسعة وعشرين إصدارًا/ نوعًا من المواد التعليمية في المدارس الإعدادية، وثمانية عشر إصدارًا/ نوعًا من المواد التعليمية في المدارس الابتدائية. من بينها، المواد التعليمية للكبار، مثل: «تعلم اللغة الصينية بسرعة» لدار نشر جامعة اللغات والثقافة ببكين، و«اللغة الصينية واسعة الثقافة» لدار نشر جامعة بكين، و«اللغة الصينية المرنة» لدار النشر التعليمية الشعبية، و«اللغة الصينية المعاصرة» لدار نشر تعليم اللغة الصينية (النسخة المنغولية/ البولندية/ التشيكية)، وغيرها. أما المواد التعليمية في المرحلة الإعدادية فهي مثل: «سلاسة اللغة الصينية»، و«اللغة الصينية اليومية- نصوص اللغة الصينية للمدارس الإعدادية في تايلاندا» لدار نشر جامعة اللغات والثقافة ببكين، وغيرها. أما المواد التعليمية في المدارس الابتدائية فهي مثل: «أنا أحب اللغة الصينية- كتاب نصوص اللغة الصينية للمدارس الابتدائية في تايلاند» لدار نشر الدراسات الأجنبية، و«اللغة الصينية الساحرة» لدار نشر تعليم الصينية، وغيرها.

هناك ستة إصدارات/ أنواع من المواد التعليمية والكتيبات الخاصة بالدراسة الذاتية. نظرًا لوجود موارد تعليمية صينية وفيرة نسبيًا في الصين، هناك طلب ضئيل على مثل هذه المواد التعليمية.

يوجد نحو أربعمائة وأربعة وخمسين إصدارًا/ نوعًا من مواد القراءة، وهو ما يمثل 68.1٪ من إجمالي عدد المواد التعليمية الصينية في الصين. من بينها أربعمائة وخمسة عشر إصدارًا/ نوعًا من كتب الأطفال،

تمثل 91.4٪ من الكتب المحلية. يغطي محتوى القراءات نطاقًا واسعًا، بما في ذلك العلوم الإنسانية، والشؤون القومية، والحياة اليومية/ وفي الحرم التعليمي، والعلوم، وما إلى ذلك، ومعظمها عبارة عن سلسلة من القراءات المتدرجة.

2. الكتب المرجعية والمواد التعليمية المساعدة

هناك سبعة إصدارات/ أنواع من الكتب المرجعية. مثل: «القاموس الصيني الإنجليزي المتقدم لقواعد اللغة الصينية (إصدار مصور) » و«القاموس الصغير للغة الصينية» (نوعان) لدار نشر الدراسات الأجنبية. هذا القاموس الأخير ثنائي اللغة الصينية والفرنسية، والصينية والألمانية للمبتدئين. تعتمد المفردات الصينية على الكلمات التي تستخدم بشكل دوري في «برنامج امتحان HSK» و«قائمة الكلمات شائعة الاستخدام في اللغة الصينية الحديثة» مع الرسوم التوضيحية.

يوجد ستة وثلاثون إصدارًا/ نوعًا من المواد التعليمية المساعدة للاختبار. معظم تلك المواد التعليمية ذات صلة بـHSK، مثل: «المفردات المستخدمة بشكل دوري في «HSK» و«دفتر الكتابة HSK» وهناك أيضًا. امتحانات نموذجية للغة الصينية في البكالوريا، و(اختبار كامبردج الدولي) IBDP/IGCSE البكالوريا، وغيرها.

هناك أربعة وعشرون إصدارًا/ نوعًا من المواد التعليمية لتطوير المعلمين. يقدم كتاب «تدريس اللغة الصينية للأجانب» لدار نشر التعليم العالي طرق التدريس وروابط التدريس ومهارات الأسلوب. «من هنا يبدأ تعليم اللغة الصينية: نماذج وتحليل تعليم اللغة الصينية دوليا في المدارس الابتدائية والثانوية» لدار نشر جامعة بكين، ويشمل ستين حالة تعليمية حقيقية في ثلاث عشرة دولة. تنشر دار نشر الدراسات الأجنبية سلسلة من المواد التعليمية لاختبار شهادة معلم اللغة الصينية الدولية.

ثالث: الوضع الحالي للتطوير خارج الصين

أحوال المواد التعليمية في اثنتي عشرة دولة ومنطقة لغوية التي يتم تطوير التعليم الصيني بها بشكل جيد والمتميزة؛ حيث وصلت مجمل الإصدارات نحو خمسمائة وثمانية وتسعين إصدارًا/ نوعًا، واللغات الوسيطة

عشر لغة (الصينية، الإنجليزية، الكورية، اليابانية، الفرنسية، الألمانية، الإسبانية، التايلاندية، الإندونيسية، العربية، ثنائية/ متعدد اللغات).

1. المواد التعليمية ومواد القراءة

يوجد إجمالي مائتين وستة وأربعين إصدارًا/ نوعًا من المواد التعليمية في الفصول الدراسية في الخارج. وبلغت الإصدارات في اللغة الصينية العامة مائتين وسبعة وثلاثين إصدارًا/ نوعًا، وفي اللغة الصينية الخاصة تسعة إصدارات/ أنواع (ثلاثة إصدارات في المجال السياحي، وإصداران في مجال الأعمال، وإصدار واحد في كل من القضاء، والطيران، والطب، والمبيعات) الإصدارات الأخيرة مثل: «نظرية وقضايا الترجمة القضائية في اللغة الصينية» و«اللغة الصينية الفيزيائية للطيران» في كوريا الجنوبية. المواد التعليمية في الفصول الدراسية حسب الفئة العمرية: مائة وواحد وخمسون إصدارًا/ نوعًا للجامعات والكبار، وأربع وعشرون إصدارًا/ نوعًا للمدارس الإعدادية، وثمانية وستون إصدارًا/ نوعًا للمدارس الابتدائية، وثلاثة إصدارات/ أنواع لمرحلة ما قبل المدرسة. إصدارات للكبار مثل: «العالم الصيني الجديد» في اليابان، و«عيون على الصين: قارئ متوسط - متقدم للصينية الحديثة» بمناطق اللغة الإنجليزية، الإندونيسية و«اللغة الصينية سهلة» في إندونيسيا. إصدارات المدارس الإعدادية مثل: «رحلة إلى الصين» في إسبانيا، و«النضوج» بسنغافورة، وغيرها. إصدارات المدارس الابتدائية مثل: «دراسة الصين 1-6» في مصر، و«الصينية: دليل المحادثة للأطفال» في فرنسا، «سعيد بتعلم اللغة الصينية» في تايلاندا.

هناك مائة وأربعة وأربعون إصدارًا/ نوعًا من المواد التعليمية والكتيبات للدراسة الذاتية، وهي أكثر بكثير من المواد التعليمية المماثلة في الصين، تحتوي الإصدارات في الغالب على المحادثات، والاستماع، والمفردات (بما في ذلك البطاقات التعليمية) والرموز الصينية، والقواعد النحوية، وما إلى ذلك. مثل: «تعلم اللغة الصينية مع بول • مستوى متوسط» من قبل شركة هاربر كولينز للنشر و«الاستماع والمحادثة للغة الصينية في المجال التجاري» في ألمانيا.

يوجد مائة وثلاثة عشر إصدارًا/ نوعًا من مواد القراءة. من بين تلك الإصدارات، هناك ستة وتسعون إصدارًا/ نوعًا من كتب الأطفال، معظمها قصص أدبية، بما في ذلك الكتب الورقية والكتب الإلكترونية والكتب الصوتية. على سبيل المثال، دار نشر المعرفة المقدسة (Cengage) في سنغافور يقسم مكتبة القراءة

لأطفال في عالم اللغة الصينية إلى عشرة مستويات، تتضمن القصص، ونشر العلوم المعرفية، والثقافة الصينية، وقد نُشر خمسون إصدارًا/ نوعًا، أُصْدرت بشكل رئيس في الولايات المتحدة، وإندونيسيا، والفلبين.

2. الكتب المرجعية والمواد التعليمية المساعدة

بلغت الكتب المرجعية نحو سبعة عشر إصدارًا/ نوعًا. أغلب تلك الإصدارات للكبار، ومعظمها معاجم، وكذلك إصدارات لقواعد اللغة، والرموز الصينية، وما إلى ذلك. ومن بين تلك الإصدارات إصداران عبارة عن قواميس مصورة للأطفال.

هناك ثلاثة وسبعون إصدارًا/ نوعًا من المواد المساعدة الاسترشادية للاختبارات، أهمها إصدارات للمفردات وتدريبات نموذجية على الاختبارات. الإصدارات المتعلقة بـHSK كثيرة جدًا، مثل: «HSK التدريب على كتابة المقال ثلاثة مستويات» و«يجب اجتياز المستوى الأول من HSK الجديد» واختبار إجادة اللغة الصينية الدولي YCT مثل: «حلم اختبار إجادة اللغة الصينية الدولي». وهناك إصدارات للاختبارات الأخرى، مثل: «إصدار كتاب مفردات اللغة الصينية AP 2019» و«ألف سؤال شامل لأسئلة الملاحظات للمستوى الثالث في اللغة الصينية» و«برنامج التدريب المكثف على مستوى البكالوريا الدولية في اللغة الصينية (HL)». هناك إصدارات تتكرر مع كتب المدارس الثانوية، مثل: سلسلة «اختبارات الصينية كلغة ثانية ضمن الشهادة العامة الدولية للتعليم الثانوي (اختبار كامبردج الدولي) IGCSE®»، لدار نشر جامعة كامبريدج، إنها مادة تعليمية في الفصل الدراسي تعتمد على منهج امتحان اللغة الصينية كلغة ثانية في اختبار كامبريدج الدولي IGCSE.

هناك خمسة إصدارات/ أنواع من المواد التعليمية لتدريب المعلمين. هناك أدلة تعليمية، مثل: «مجموعة أدوات تعليم اللغة الصينية الأساسية». وإصدارات للتدريس وأبحاث للدارسين، مثل: «تدريس اللغة الصينية كلغة ثانية: طريق المتعلم».

رابعا: خصائص بناء المواد التعليمية

1. في الإصدارات الصينية نسبة المواد التعليمية في القراءة وتدريب المعلمين أعلى من تلك الموجودة

في الخارج. في الإصدارات الخارجية تكون نسبة المواد التعليمية للفصول الدراسية، والدراسة الذاتية/ الكتيبات، والكتب المرجعية، والاختبارات أعلى من تلك المواد الموجودة في الصين، والإصدارات الخارجية مع الإصدارات الصينية تكمل بعضها بعضًا.

2. استحوذت كتب الأطفال على 33.4٪ من المواد التعليمية في الفصول الدراسية، وبلغت كتب الأطفال للقراءة نسبة 91.1٪ في مواد القراءة. هناك كثير من الأطفال الدارسين في الخارج، وقد دخلت اللغة الصينية في نظام التعليم الوطني في أكثر من ستين دولة؛ لذا فإن نسبة كتب الأطفال في الخارج أعلى بكثير من الصين.

3. تمت زيادة المواد التعليمية «اللغة الصينية + المهنية»؛ لتلبية احتياجات بناء مبادرة «الحزام والطريق» وستكون المواد التعليمية «اللغة الصينية + المهنة» نقطة نمو للتنمية المستقبلية، مثل: «تعلم استخدام اللغة الصينية المستوى المتوسط والمتقدم في محل العمل» لدار نشر روتليدج البريطانية، و«تعلم التكنولوجيا في الصين» (بما في ذلك السكك الحديدية واللوجستيات والتجارة الإلكترونية) الذي أصدره معهد كونفوشيوس بجامعة خون كاين بتايلاندا، «اللغة الصينية للخدمات الشرطية» لدار نشر الدراسات الأجنبية و«اللغة الصينية لخدمات الطيران» من إصدار دار نشر شينكسولين بالصين. بعض معاهد كونفوشيوس/ الفصول الدراسية في إفريقيا بها مواد التدريس ذاتية التحرير (غير منشورة) مثل: «كتيبات إرشادية للمرشدين السياحيين» من إعداد معهد كونفوشيوس بجامعة ناميبيا، و«الصينية في طيران سيشل»، و«الصينية في سياحة سيشيل» من إعداد معهد كونفوشيوس بجامعة سيشيل، و«الصينية للممرضات» من إعداد معهد كونفوشيوس بجامعة سيراليون، وغيرها من الإصدارات. وقد خططت مطبعة الجامعة الوطنية المفتوحة لسلسلة من المواد التعليمية بعنوان «الصينية الصناعية»، كما تمت تجربة كتاب «تكنولوجيا اللحام» في زامبيا.

4. تمت زيادة المواد التعليمية في الماضي في المناطق التي كانت فيها المواد التعليمية نادرة. في المنطقة العربية، هناك إصدار «دراسة الصين» (من المستوى الأول إلى السادس) (طبعتان باللغتين الصينية والعربية) تم نشرهما بالاشتراك مع مؤسسة بيت الحكمة للاستثمار الثقافي في مصر ومطبعة جامعة شرق الصين العادية بالصين، ومادة تعليمية للمدارس الإعدادية «عبور طريق الحرير» (غير منشور) روّجت له وزارة التربية والتعليم في دولة الإمارات العربية المتحدة. ظهرت في إفريقيا المواد التعليمية من معهد كونفوشيوس/ التي تم تحريرها ذاتيًا للفصول الدراسية (انظر القسم السابق)، ونشرت موزمبيق كتاب «الحياة في الأدب». يستخدم على نطاق واسع في المدارس الدولية في كازاخستان المادة التعليمية «للقراءة قصة لي»

المؤلف من ثماني لغات من إعداد مطبعة التعليم الدولي للغة الصينية هونج كونج إكسبريس بالصين.

5. الاهتمام الشديد بالمواد التعليمية لتدريب المعلمين. يتم التركيز على طرق التدريس، والبرامج، ومهارات التدريس، مثل «سلاح السحر التعليمي للسيد جان» و«خمسون نموذج لعلم أصول التدريس للصينية الدولية». من أجل التكيف مع البناء المهني وحل أوجه القصور في نقص المعلمين، توجد عدة سلاسل من مواد تدريب المعلمين قيد التحضير في نادي اللغة الشمالية ونادي جامعة بكين ونادي كايدا.

6. المحتوى البحثي غير المتوازن من المواد التعليمية. فحصت الكلمات المفتاحية لـCNKI مائة وثلاثة عشر بحثا حول المواد التعليمية الصينية الدولية: تم تقديم تسعة أبحاث ونشرها، وهناك ستة أبحاث قبل تأسيس الصين الجديدة، و ثمانية وتسعون بحثًا بعد تأسيس الصين الجديدة على التوالي حول المواد التعليمية. من بين المقالات الثمانية والتسعين، هي دراسات معظمها حول المواد التعليمية التي تستخدمها الجامعات الصينية. تم دراسة ستة أبحاث كمواد تعليمية للمرحلة الابتدائية والإعدادية، وثلاثة أبحاث كمواد تعليمية للقراءة، وأحد عشر بحثًا حول المواد التعليمية والتوطين في الخارج، وثمانية أبحاث حول الصينية الخاصة، وكلها أبحاث صغيرة نسبيًا.

7. اتجاه التنمية المستقبلية. يتم الأخذ في عين الاعتبار المكان المناسب والعمر والتخصص (التخصص، الوظيفة)، وتعليق أهمية على بناء موارد التعليم عبر الإنترنت؛ للتكيف مع احتياجات التعليم الصيني العالمي جنبًا إلى جنب مع ممارسة التدريس، واستيعاب وامتصاص نتائج أبحاث مواد التعلم والتدريس في تدريس اللغة الثانية العالمية، والاهتمام بالبناء العلمي والتأثير العملي للمواد التعليمية.

(المؤلفان: تشوو شياو بينغ، جامعة اللغات والثقافة ببكين؛ وانغ شي، جامعة شرق الصين العادية)

تقرير تطوير اختبار مستوى إجادة اللغة الصينية

يُعد عام 2019م نقطة انطلاق جديدة لتعليم اللغة الصينية على المستوى الدولي، فضلًا عن كونه عقدة تاريخية مهمة وبداية جديدة لتطور اختبار مستوى إجادة اللغة الصينية. لقد مرت خمسة وثلاثون عامًا منذ تأسيس اختبار إجادة اللغة الصينية (HSK) في عام 1984م، ومنذ إنشاء معاهد كونفوشيوس حول العالم في عام 2004م، ولقد مرت أيضا خمسة عشر عامًا منذ أن تكيفت اختبارات HSK والاختبارات الصينية الأخرى مع الاحتياجات، وتطورت تطورا كبيرا. يقف اختبار HSK عند نقطة انطلاق تاريخية جديدة، من "الصينية المنطوقة والمسموعة" إلى "الصينية المكتوبة"، من "الامتحان" إلى "الاختبار"، فهي ليست مجرد تغيير بسيط في التعبير عن الكلمات، ولكنها تعكس أيضًا حقبة جديدة من تعليم الدولي للغة الصينية، والعودة إلى الجوهر، وإيلاء اهتمام مساو لكل من "المنطوق" و"المكتوب"، والاهتمام بالنتائج، وإيلاء مزيد من الاهتمام بالمسار، فهي ونظرة جديدة ومفهوم عميق لتطوير الاختبار المنهجي. في عام 2019م، أصبح اختبار إجادة اللغة الصينية (HSK) ثالث أكبر علامة تجارية لاختبار اللغة بعد IELTS في المملكة المتحدة، وTOEFL في الولايات المتحدة. لطالما كان "مواجهة العالم والابتكار المستمر" هو المفتاح للتقدم المستمر والتطوير المستمر؛ لاختبار مستوى إجادة اللغة الصينية.

أولا: الوضع الحالي للتطور

في عام 2019م، تطور اختبار مستوى إجادة اللغة الصينية إلى نظام اختبار للغة الصينية العالمية يتحلى بأنواع وقدرات تخطو خطوة بخطوة للوصول إلى المثالية بشكل متزايد. يتضمن على وجه التحديد سلسلة من

الاختبارات الصينية على رأسها اختبار تحديد مستوى اللغة الصينية (HSK)، واختبار تحديد مستوى التحدث باللغة الصينية (HSKK)، واختبار اللغة الصينية لطلاب المدارس الابتدائية والإعدادية (YCT)، واختبار اللغة الصينية في المجال التجاري (BCT)، واختبار اللغة الصينية في الطب (MCT)، بالإضافة إلى سلسلة اختبارات للغة الصينية تتكون من اختبارات الفصول الدراسية التي تدرس اللغة الصينية، واختبارات التشخيص النموذجي، وشهادة اختبار اللغة الصينية في الخارج[1]. تم تنفيذ اختبار HSK لأول مرة في عام 1990م، وقد شارك في هذا الاختبار ثلاثمائة وواحد وتسعون مشاركًا، وعندما تم تأسيس معهد كونفوشيوس في عام 2004م، نمت مراكز اختبار HSK إلى واحد وستين مركزًا في ثلاث وثلاثين دولة، وبلغ عدد المتقدمين نحو اثنين وثلاثين ألف متقدم في ذلك العام، وفي عام 2019م، ارتفع عدد مراكز الاختبار HSK إلى ألف ومائتين وتسعة وعشرين مركزًا في مائة وخمسين دولة. في ذلك العام، كان هناك ثمانمائة وثمانية آلاف من المتقدمين للاختبارات الصينية المُصنَّفة عالميًا، ومجمل المقدمين للاختبارات الصينية المختلفة سبعة ملايين وخمسمائة ألف متقدم.

تحدد هذه المقالة بيانات أربعمائة وثمانية وأربعين ألفًا وأربعمائة وثمانية متقدمًا شاركوا في المستويات الستة من HSK1 إلى HSK6 في عام 2019م كنموذج (موثوقية أوراق الاختبار α 0.905 إلى 0.941) لدراسة وتحليل الوضع العام لاختبار إجادة اللغة الصينية في ذلك العام. تظهر النتائج أن اختبار HSK قد تطور بسرعة، ولكن هناك مشاكل في التطور غير المتوازن في ثلاثة جوانب وهي: التوزيع الإقليمي، والتوزيع العمري، والتوزيع المستوي، مما يعكس الوضع الحالي للتعليم الدولي للغة الصينية.

من حيث التوزيع الإقليمي، في عام 2019م، حصلت آسيا (باستثناء الصين) على أكبر عدد من المتقدمين لاختبارات HSK، حيث مثلت 62.9٪ من المتقدمين على مستوى العالم، وحصلت أوروبا على 8.9٪، و3.7٪ في إفريقيا، وحصلت أمريكا الشمالية على 2.0٪، وحصلت في أمريكا الجنوبية على 1.1٪، وحصلت أوقيانوسيا على 0.5٪، يعكس هذا التطور غير المتوازن لاختبار إجادة اللغة الصينية، وفي عام 2019م، كان هناك سبع دول بها أكثر من عشرة آلاف متقدم، وخمس دول بها من خمسة آلاف إلى عشرة آلاف متقدم (الجدول 1-5). بالإضافة إلى العوامل التاريخية والثقافية المعروفة، تستخدم هذه المقالة العدد

---

1 حاليًا، تشمل اختبارات اللغة الصينية في الخارج المعتمدة من قبل مركز التعاون وتبادل اللغات الصينية الأجنبية التابع لوزارة التعليم الصينية: اختبار OCT الشفوي الصيني الذي تنظمه هونج كونج ، الصين ، واختبار HNK للرموز الصينية الذي تنظمه كوريا الجنوبية.

المنشور بالفعل الخاص بالطلاب الوافدين في الصين في عام 2018م وحجم التجارة الثنائية مع الصين؛ لإجراء تحليل إحصائي ذي صلة حول عدد المتقدمين من الدول الاثنتي عشرة المذكورة أعلاه (باستثناء الصين). أظهرت النتائج أن «عدد الطلاب الوافدين الذين يدرسون في الصين» و«حجم التجارة الثنائية» كلاهما مرتبطان بشكل إيجابي مع عدد المتقدمين لاختبارات HSK ($p<0.001$)، وكانت عامل الارتباط R 0.815 و0.494 على التوالي.

الجدول 1: إحصائيات حول عدد ومعدل النجاح للمتقدمين لاختبارات HSK في بعض البلدان في عام 2019م

Países	إجمالي المتقدمين	المستوى الأول		المستوى الثاني		المستوى الثالث		المستوى الرابع		المستوى الخامس		المستوى السادس	
		عدد المتقدمين	معدل النجاح	عدد المتقدمين	معدل النجاح	عدد المتقدمين	معدل النجاح	عدد المتقدمين	معدل النجاح	عدد المتقدمين	معدل النجاح	عدد المتقدمين	معدل النجاح
كوريا الجنوبية	102638	5233	95.26 %	8349	93.75 %	15313	79.66 %	25319	66.84 %	28261	62.25 %	20163	64.82 %
الصين	93738[1]	2265	95.01 %	3896	92.35 %	9997	80.59 %	37411	64.76 %	24630	70.01 %	15539	66.74 %
تايلاند	50874	8194	71.15 %	10826	70.76 %	11431	57.96 %	11556	51.22 %	7697	47.84 %	1170	55.13 %
اليابان	29836	2674	95.55 %	4125	94.38 %	6065	91.38 %	6825	76.92 %	6161	65.98 %	3986	59.96 %
فيتنام	21003	454	97.36 %	2481	92.66 %	6614	85.53 %	6989	83.63 %	3749	78.37 %	716	72.07 %
إندونيسيا	16612	3617	87.84 %	4190	90.67 %	3890	83.29 %	3056	73.53 %	1541	71.06 %	318	77.99 %
ميانمار	11947	1372	98.10 %	2468	95.58 %	2146	90.63 %	2397	83.35 %	1659	81.68 %	1905	81.15 %
فلبين	11655	3789	65.29 %	3250	66.58 %	2870	55.16 %	1155	41.30 %	338	52.07 %	253	77.47 %
روسيا	8162	1712	94.98 %	1983	92.54 %	1923	82.79 %	1452	67.22 %	934	56.96 %	158	48.10 %
إيطاليا	6732	1945	94.91 %	1927	95.23 %	1365	81.90 %	841	80.98 %	439	72.67 %	215	81.40 %
فرنسا	5724	1344	94.20 %	1798	88.38 %	1484	70.96 %	643	63.30 %	328	66.46 %	127	68.50 %
باكستان	5203	2598	77.60 %	1425	77.33 %	768	51.43 %	315	33.33 %	84	55.95 %	13	15.38 %
أمريكا	5120	931	87.86 %	1007	90.0 7%	996	74.60 %	1317	71.15 %	645	69.46 %	224	84.38 %

مصدر البيانات: شبكة خدمة اختبارات اللغة الصينية (www.chinesetest.cn)

من حيث التوزيع العمري، كان متوسط عمر المتقدمين لاختبارات HSK على مستوى العالم في عام 2019م يبلغ 21.71 عامًا، بانحراف معياري 7.97. كان عمر أكبرهم ثمانية وثمانون عامًا وأصغرهم ستة

1 الذين يشاركون في اختبار HSK في الصين هم في الأساس طلاب وعمال أجانب في الصين.

أعوام، ويمثل أولئك الذين تقل أعمارهم عن أربعة وعشرين عامًا (المتضمَّنين) 75٪، وكانوا بوجه عام شباب نسبيًا، مما يدل على توزيع منحرف لليمين. وكان متوسط عمر المتقدمين للمستوى الأول من اختبار HSK هو 18.85 عامًا، ومتوسط عمر المستوى الثاني هو 19.36 عامًا، ومتوسط عمر المستوى الثالث هو 21.22 عامًا، ومتوسط عمر المستوى الرابع هو 22.37 عامًا، ومتوسط عمر المستوى الخامس هو 23.58 عامًا، ومتوسط عمر المستوى السادس هو 24.02 عامًا. بالإضافة إلى ذلك، يبلغ متوسط عمر المتقدمين لاختبار YCT 12.88 عامًا، و84٪ تقل أعمارهم عن خمسة عشر عامًا (المتضمَّنين).

من خلال تحليل الدرجات ومستوى اللغة الصينية، هناك اختلافات في معدل النجاح في HSK على مستوى اختلاف الدولة واختلاف المستوى .فإذا أخذنا عينة من اثنتي عشرة دولة كنموذج، فإن معدلات النجاح في ميانمار وفيتنام وإيطاليا وإندونيسيا كلها أعلى من متوسط معدل النجاح العالمي، وباستثناء المستوى الثالث من HSK في الولايات المتحدة والمستوى السادس من HSK في اليابان، فإن معدلات النجاح في الولايات المتحدة واليابان أعلى من المتوسط العالمي، ومعدل النجاح في فرنسا أعلى من المتوسط العالمي في المستويين الخامس والسادس من HSK، ومعدل النجاح في روسيا وكوريا الجنوبية أقل من المتوسط العالمي، معدلات النجاح في الفلبين (باستثناء المستوى السادس من HSK) وباكستان وتايلاند أقل بنسبة من 9 إلى 50 نقطة مئوية من متوسط معدل النجاح العالمي. وهذا يعكس الاختلاف في تعليم اللغة الصينية في مختلف البلدان من حيث التقاليد التاريخية، وقاعدة الطلاب، ومستوى موارد المعلم، وجودة المناهج الدراسية، ودرجة الأهمية التي توليها الحكومات المحلية. بالإضافة إلى ذلك، انخفض معدل النجاح لكل مستوى من مستويات HSK تدريجيًا، فمن 86.28٪ من المستوى الأول إلى 64.77٪ من المستوى الخامس، وزاد معدل النجاح في المستوى السادس بشكل طفيف إلى 67.13٪ (الشكل 5.1)، والذي يتوافق بشكل أساسي مع قواعد تعلم اللغة الصينية والتصميم المتدرج لاختبار الكفاءة. يحتاج سبب الارتداد في معدل النجاح في المستوى السادس إلى مزيد من الدراسة. من منظور توزيع المستوى، تعتبر الاختبارات ذات المستوى المنخفض أكثر شيوعًا في الخارج، حيث يمثل المستوى الأول إلى الرابع من اختبارات HSK 70.05٪، مما يعكس الحقيقة الموضوعية المتمثلة في أن متوسط مستوى إجادة اللغة الصينية للمتعلمين في الخارج لا تزال عمومًا عند مستوى منخفض، ويحتل عدد من المتقدمين من المستوى الثالث إلى الخامس من اختبارات HSK المراكز الثلاثة الأولى، ويرتبط معظمهم بالحد الأدنى من متطلبات إجادة

اللغة الصينية للدراسة في الصين، والاعتماد العام للمستوى الرابع أو الخامس من اختبارات HSK من قبل الجامعات الصينية كعتبة دخول للدراسة في الخارج.

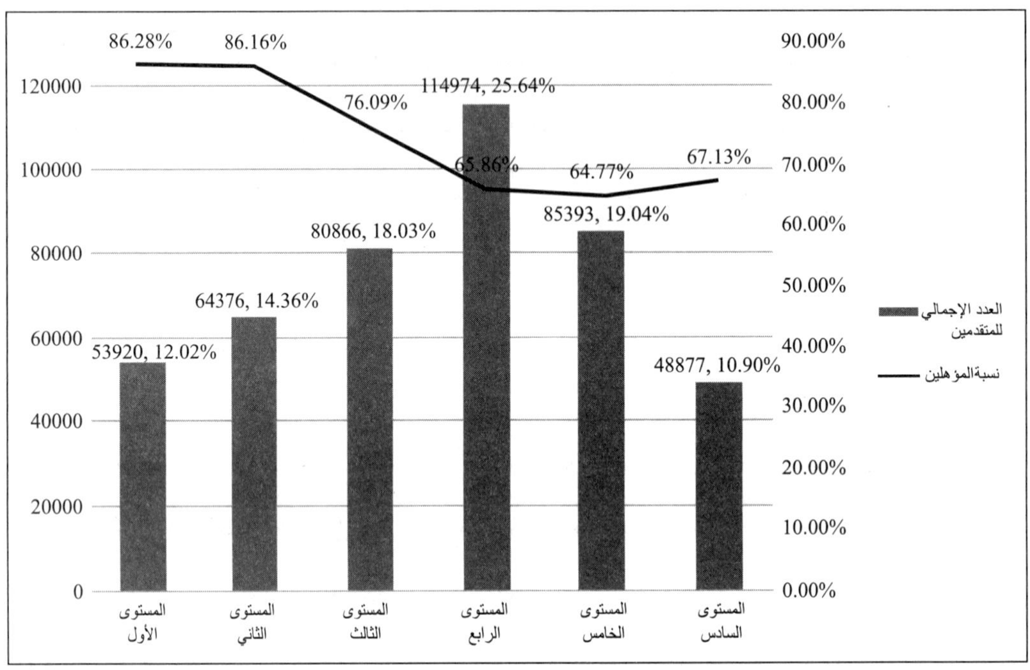

مصدر البيانات: شبكة خدمة اختبارات اللغة الصينية (www.chinesetest.cn)

الشكل 1: عدد ومعدل النجاح للمتقدمين لاختبارات HSK في كل مستوى في عام 2019م

ثانيا: مفهوم التطور

1. الدارس هو الأساس

مع الزيادة المستمرة في عدد اختبارات إجادة اللغة الصينية، لعب مفهوم تطوير الاختبار المتمثل في "الدارس هو الأساس" دورًا إيجابيًا في تعزيز "التدريس والتعلم". أولًا: لا يعد اختبار مستوى إجادة اللغة الصينية تقييمًا للنتائج فحسب، بل يعد أيضًا وسيلة مهمة لتقييم عملية تعلم اللغة الصينية وتقييم المرحلة، مما يساعد دارسي اللغة الصينية على تعويض أوجه القصور لديهم وتحسين النتائج التعليمية. في عام 2019م، شارك 6.7 مليون دارس في اختبارات الفصول الدراسية الصينية واختبارات التشخيص النموذجية. ثانيًا:

تسعى الصين جاهدة لخلق بيئة حقيقية لتعلم اللغة الصينية في جميع جوانب تطوير العروض والمناهج الدراسية، وتشجيع المتعلمين على "التعلم حتى الممارسة". تشمل الموضوعات التي يتضمنها اختبار HSK لعام 2019م سبعة وأربعين محادثة في عشر موضوعات، مثل الحياة اليومية، والعمل المهني، والتعليم والثقافة، والتكنولوجيا والطبيعة، وتعرض بشكل شامل جميع جوانب الحياة الاجتماعية الصينية، والدورات التي تعتمد على هذه الموضوعات تضم أكثر من 1.25 مليون دارس. ثالثًا: يبني اختبار إجادة اللغة الصينية جسرًا للدارسين للتواصل مع الصين والدول الأجنبية. وفقًا للإحصائيات غير المكتملة، في عام 2019م، كان هناك مائة وخمسون ألف أجنبي حصلوا على أعمال وظيفية وتعرفوا على الصين من خلال دراسة HSK، وثلاثمائة وثمانية وتسعون ألف طالب اجتازوا اختبار إجادة اللغة الصينية للدراسة في الصين، وأكثر من خمسمائة ألف أجنبي جاءوا للعمل في الصين.

2. تسليط الضوء على سمات اللغة الصينية

يتفق الدارسون عمومًا على أن القدرات اللغوية معقدة للغاية ومجردة. أشار تشانغ هوكان في عام 2019م إلى أن "القدرة اللغوية" المجردة تظهر دائمًا على أنها "مستوى لغوي" محدد في زمان ومكان محددين. بأخذ اختبار HSK كنموذج، يتم وصف المستويات الستة بشكل أساسي من خلال وصف قدرة كل مستوى، إضافة إلى الأبعاد الثلاثة وهي المفردات الصينية، وموضوعات المهام، والوظائف النحوية. على سبيل المثال: يتطلب المستوى الأول من اختبار HSK من المتعلمين إتقان مائة وخمسين كلمة، وثلاثة موضوعات، وخمس عشرة محادثة، وثماني سهام لغوية، وأربعين نقطة نحوية، في حين أنه يتطلب المستوى السادس من المتعلمين إتقان أكثر من خمس آلاف كلمة، تسعة موضوعات، وسبع وأربعين محادثة، وأربع عشرة مهمة لغوية، وثلاث وعشرين نقطة نحوية، وكلها تعكس الخصائص الأساسية للغة الصينية. يتطلب العصر الجديد تطوير اختبارات إجادة اللغة الصينية على التتابع، ويتطلب تجسيد خصائص اللغة الصينية بشكل كامل، ويتطلب مزيدًا من الأبعاد لوصف أكثر دقة لمستوى إجادة اللغة الصينية لدى متعلمي اللغة الصينية كلغة ثانية، و«معايير مستوى إجادة اللغة الصينية للتعليم الدولي للغة الصينية»[1] التي باتت على

1 قد تم إصدار «معايير مستوى إجادة اللغة الصينية للتعليم الدولي للغة» في مارس من عام 2021م وتنفيذه رسميا كنموذج الكتابة للجنة اللغة الوطنية من 1 يوليو في عام 2021م.

وشك أن تصدرها معايير التدريس والاختبار الصينية الجديدة، وتسلط الضوء على الخصائص الصينية، من خلال الأبعاد الثلاث وهي المؤشر الكمي للغة "المعايير الأربعة الأساسية" المكونة من المقاطع الصوتية، والرموز الصينية، والمفردات، والقواعد، (إجمالي ألف ومائة وعشر مقطعًا صوتيًا، وثلاثة آلاف رمزٍ صينيٍ، وأحد عشر ألف واثنتين وتسعين مفردةً، وخمسمائة واثنتين وسبعين قاعدة نحوية)، والقدرة على التواصل اللغوي، ومحتوى مهمات المحادثات، بالإضافة كذلك للمهارات الخمس اللغوية للغة الصينية وهي الاستماع، والمحادثة، والقراءة، والكتابة، والترجمة، وتمت معايرة المستوى المحدد بدقة لـ "المستويات الثلاثة والصفوف التسعة"، أي "المستويات الثلاث" مبتدئ ومتوسط ومتقدم، والصفوف التسعة في الابتدائية والإعدادية والثانوية. في المستقبل، وستوجِّه «معايير مستوى إجادة اللغة الصينية للتعليم الدولي للغة الصينية» التدريس والتعلم والاختبار والتقييم للغة الصينية الدولية بطريقة موحدة للتكيف مع اتجاه تطوير تعليم اللغة الصينية الدولي في العصر الجديد.

3. قيادة البحث العلمي والمواهب

التزمت اختبارات إجادة اللغة الصينية المختلفة دائمًا بفكرة "التكنولوجيا العلمية هي القوى الإنتاجية الأولى". أولًا: في عام 2019م، تم الاستمرار في إنشاء سبعة عشر "مشروعًا لصندوق البحوث العلمية الدولي لاختبارات اللغة الصينية" لتعزيز البحث الأساسي وتطوير التكنولوجيا، وقيادة مشروعين رئيسين للجنة الوطنية للغات في الصين. ثانيًا: قامت منصة عروض اللغة الصينية الدولية ونظام بنك الأسئلة الرقمية بتشفير وتخزين مائة وعشرين ألف سؤال في اختبار اللغة الصينية خلال ست سنوات من التشغيل الفعال من خلال طريقة "موضوعات السحابة" لعرض الشبكة وتجميع الاختبار الذكي. ثالثًا: حتى نهاية عام 2019م، تم إنشاء أربعمائة وتسعة وثمانين مركزًا للاختبار عبر الإنترنت حول العالم باستخدام تقنية النظام الأساسي السحابي عبر الإنترنت، بمعدل تغطية اختبار عبر الإنترنت بنسبة 40٪، على أساس التصحيح عن بعد والتصحيح الإلكتروني، تم إطلاق نظام تشخيص المحاكاة عبر الإنترنت لاختبارات HSK للتشخيص التلقائي لإجادة اللغة الصينية ونقص التعلم، ومساعدة دارسي اللغة الصينية على تحسين أساليب التعلم الخاصة بهم بطريقة مستهدفة، وقد استخدم خمسة عشر ألفًا وسبعمائة وخمسة وسبعون شخصًا هذا النظام في ذلك العام. رابعًا: في عام 2019م، إضافة إلى البريد الإلكتروني التقليدي للاستشارات المتعلقة بالتسجيل والفحص، وتم

استخدام خدمة العملاء الذكية متعددة اللغات "شياو نينغ Xiao Neng" على نطاق واسع، وتم الرد تلقائيًا على أحد عشر ألفا وتسعمائة وأربعين رسالة مختلفة على مدار العام، وتم تقديم تقنية التعرف على الوجوه إلى تحديد المتقدمين وذلك لضمان نزاهة الاختبار وضمان سلامة الاختبار.

ثالثا: التعاون الدولي

مع الاستخدام الواسع النطاق للغة الصينية في العالم والعدد المتزايد من الدارسين، قامت بعض الدول أو المنظمات التعليمية الدولية بصياغة معايير للغة الصينية، كما قامت بعض الدول بدمج اللغة الصينية في نظام التعليم الوطني، وطبقت اختبارات اللغة الصينية، بل واعتمدت اللغة الصينية على أنها «امتحان لدخول الكلية». تلبي هذه الاختبارات في اللغة الصينية الاحتياجات المتنوعة لدارسي اللغة الصينية في جميع أنحاء العالم، وأصبحت عضوًا مهمًا ضمن أسرة اختبارات اللغة الصينية، مما يشكل نظامًا بيئيًا جيدًا يكمل اختبار HSK واختبارات إجادة اللغة الصينية الأخرى.

1. الترابط النموذجي

من أجل تقديم خدمة أفضل لدارسي اللغة الصينية في جميع أنحاء العالم- كما هو الحال دائمًا- سيتعاون الرعاة والمنفذون والشركاء القائمون على اختبارات إجادة اللغة الصينية مع المؤسسات التعليمية الدولية والإدارات التعليمية في مختلف البلدان لتعزيز الاتصال الدولي للمعايير الصينية المختلفة، وكذلك الاعتراف المتبادل بـ «معايير إجادة اللغة الصينية في التعليم الدولي للغة الصينية».

2. توثيق الاختبار

يتعاون اختبار إجادة اللغة الصينية بنشاط مع مؤسسات الفحص المهني في مختلف البلدان لإجراء توثيق ثنائي الاتجاه لاختبار اللغة الصينية. في عام 2019م، أجرى اختبار HSK واختبار إجادة اللغة الكورية (HNK) توثيقًا ثنائي الاتجاه، ووصل عدد المتقدمين ألفين وخمسمائة وواحد وتسعين شخصًا؛ وشارك سبعمائة وتسعة وثلاثون متقدما في اختبار المعرفة المتبادلة بين HSK والاختبار الصيني لشهادة المدارس الثانوية بماليزيا (SPM). في المستقبل، سيتم إجراء توثيق ثنائي الاتجاه لاختبارات اللغة الصينية في المزيد

من البلدان والمناطق.

تعد اللغة جسرًا للتواصل، فلا يزال الطلب على تعلم اللغة الصينية في ازدياد مستمر في مختلف البلدان، حيث يتعرف المزيد والمزيد من الأصدقاء الأجانب على الصين من خلال دراسة اللغة الصينية، ويشعرون بالثقافة الصينية، وسيؤدي هذا الاتجاه بالتأكيد إلى النمو المستمر في مقياس اختبارات إجادة اللغة الصينية، في ظل التوجيه والممارسة لمفاهيم "الدارس هو الأساس" و"إبراز الخصائص الصينية" و"قيادة البحث العلمي والمواهب"، حيث إن اختبار إجادة اللغة الصينية يلبي احتياجات تعلم اللغة الصينية في مختلف البلدان، ويضمن جودة تعليم اللغة الصينية على المستوى الدولي. في المستقبل، سيلعب اختبار إجادة اللغة الصينية دورًا موجهًا نحو التقييم، وسيحسّن باستمرار المعايير ونظام التقييم لجعل اختبار إجادة اللغة الصينية أكثر علمية، وانفتاحًا، وسهلة التنفيذ، سيصبح أداة فعالة لتصنيف القيام بتدريس اللغة الصينية، وتعليم الطلاب وفقًا لمؤهلاتهم، وسيصبح ضمانًا قويا للتحسين المستمر لجودة تعليم اللغة الصينية على المستوى الدولي.

(المؤلفون: لي بييز، هوانغ لي، لي لينجيو، شياو يوان، شيه نيني، الاختبارات الدولية للغة الصينية)

تقرير عن تطوير معاهد كونفوشيوس

معهد كونفوشيوس هو مؤسسة تعليمية غير ربحية أنشأها التعاون الصيني الأجنبي. وهو ملتزم بالتكيف مع احتياجات الناس من جميع أنحاء العالم (المناطق) لدراسة اللغة الصينية؛ لتعزيز فهم اللغة والثقافة الصينية لدى الناس من جميع أنحاء العالم (المناطق)، وتعزيز التبادلات والتعاون التعليمي بين الصين وجميع دول العالم، وتعزيز تنمية التعددية الثقافية في العالم وبناء عالم متناغم. وبمرور أعوام كثيرة، نشرت معاهد كونفوشيوس تعليم اللغة الصينية في جميع أنحاء العالم، ودربت مدرسين للغة الصينية، وقدمت موارد تعليمية للغة الصينية، وأجرت اختبارات اللغة الصينية، وشهادة تأهيل معلمي اللغة الصينية، وقدمت استشارات معلوماتية حول التعليم والثقافة الصينية، وقد أصبحت مؤسسة تدرّس لغة معترفًا بها عالميًا. ووفقًا للإحصائيات الصادرة عن مركز التعاون والتبادل اللغوي الصيني- الأجنبي التابع لوزارة التعليم، فإن هذه المقالة سوف تستعرض وتحلل تطور معاهد كونفوشيوس في عام 2019م.

أولا: إعداد المؤسسات

1. الأوضاع العامة

كمؤسسة تعليمية غير ربحية أنشأتها الصين في الخارج لمساعدة الناس من جميع أنحاء العالم على دراسة اللغة الصينية وفهم الثقافة الصينية، فإن معهد كونفوشيوس هو جسر للتواصل اللغوي، والتفاهم الثقافي، والتعلم المتبادل بين الحضارات. قدم معهد كونفوشيوس منصة جيدة لتعزيز التبادلات الثقافية بين الصين والدول الأجنبية، وتعزيز تنمية تعليم اللغة الصينية بالخارج، وتحقيق التكامل المتعدد الثقافات والترابط

بين الشعوب، وقدمت الإسهامات الواجبة.

لقد مضى أكثر من خمسة عشر عامًا على إنشاء أول معهد كونفوشيوس في عام 2004م. لقد تجاوز العدد الإجمالي لمعاهد كونفوشيوس في عام 2010م ثلاثمائة معهد للمرة الأولى، وفي السنوات الخمس التالية، ازداد عدد معاهد كونفوشيوس بسرعة بمعدل نمو سنوي يبلغ حوالي أربعين معهدًا. تجاوز العدد الإجمالي لمعاهد كونفوشيوس في عام 2015م خمسمائة معهدٍ، ودخلت فترة من التطور المطّرد منذ ذلك الحين. في السنوات الخمس التالية، تباطأ إنشاء المعاهد تدريجيًا، وأصبح بناء مفهوم عال الجودة هو المهمة الرئيسة.

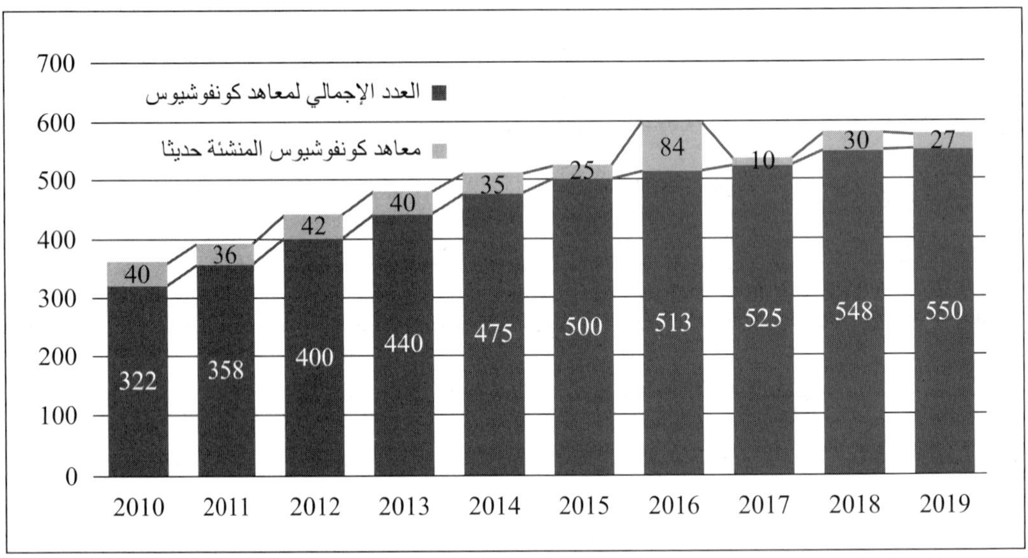

مصدر البيانات: صندوق الصين الدولي لتعليم اللغة الصينية

الشكل 1: أحوال إنشاء معاهد كونفوشيوس في السنوات العشر الماضية

أصبحت النماذج المتنوعة سمة مهمة لتطوير معاهد كونفوشيوس في السنوات الأخيرة. الأداء على النحو التالي: أولًا: تنوع أهداف التعاون. تختلف عن مؤسسات تعزيز اللغة في البلدان الأخرى، ومن السمات الرئيسة لمعاهد كونفوشيوس التعاون الصيني- الأجنبي في إنشاء المعاهد، وشركاؤها هي المدارس، والحكومات، والمؤسسات، والمنظمات الاجتماعية، وغيرها. ثانيًا، تنوع المستفيدين. تشمل أنشطة معهد كونفوشيوس الطلاب والمعلمين وخبراء التدريس والدارسين المتخصصين، إضافة إلى النخب المهنية وعامة الناس العاديين في المجتمع، ويأتي المستفيدون من مختلف الفئات العمرية والجنس والمهن المختلفة. نتيجة

لذلك، طور معهد كونفوشيوس مشاريع خاصة مختلفة في الممارسة العملية كلًّا منها موجهًا إلى شركاء أو مستفيدين مختلفين؛ لتلبية احتياجاتهم المختلفة.

2. الخصائص الإقليمية

تميز التطوير الإقليمي لمعاهد كونفوشيوس وفصول كونفوشيوس في السنوات العشر الماضية بالخصائص الآتية:

(1) كان عدد معاهد كونفوشيوس التي تم بناؤها في أوروبا دائمًا على أعلى مستوى، في حين أن عدد فصول كونفوشيوس الدراسية كان في حالة متوسطة، وكلاهما في حالة نمو سريع.

(2) عدد معاهد كونفوشيوس المنشئة في الأمريكتين هو أيضًا على مستوى عالٍ، يمكن مقارنته بما في أوروبا؛ حيث إن عدد فصول كونفوشيوس على أعلى مستوى، فهو أكثر من مجموع المعاهد في المناطق الأخرى، مع انخفاض طفيف في بعض الأحيان، لكنه لا يزال يحتل مكانة عالية في العدد الإجمالي لمعاهد أو فصول كونفوشيوس الدراسية.

(3) عدد معاهد كونفوشيوس التي تم بناؤها في آسيا في المرتبة المتوسطة، ومع ذلك، فإن زخم التطور سريع، فعلى الرغم من أن عدد الفصول الدراسية لكونفوشيوس في مرتبة أدنى من المتوسطة، إلا أنه يتزايد باطراد.

(4) عدد معاهد كونفوشيوس وفصول كونفوشيوس التي تم بناؤها في إفريقيا يقع في مرتبة أدنى من المتوسطة، ولكنه تطور سريعًا في السنوات الأخيرة.

(5) في دول ليست بالكثيرة في أوقيانوسيا، يوجد عدد معاهد كونفوشيوس وفصول كونفوشيوس الدراسية بدرجة متدنّية، ولكن تطورها مستقر نسبيًا، وتُظهر فصول كونفوشيوس الدراسية اتجاه نمو واضح.

وعلى الرغم من أن تطوير معاهد كونفوشيوس أو فصول كونفوشيوس الدراسية في أوروبا والولايات المتحدة بشكل عام، فإن له بعض التقلبات والمنعطفات العرَضية، فإن الطلب المحلي على تعليم اللغة الصينية الدولية لا يزال ضخمًا. ويعد التطوير الشامل في آسيا وأوقيانوسيا مستقرًا نسبيًا، وتم إنشاء معاهد كونفوشيوس أو فصول كونفوشيوس المميزة حسب الاحتياجات المحلية الخاصة، وتتمتع إفريقيا والصين بتبادلات سياسية واقتصادية وتجارية وثيقة، لكن التبادلات اللغوية والثقافية لا تزال غير كافية، والتي ينبغي أن تصبح محور

التنمية المستقبلية لمعاهد كونفوشيوس.

انظر الشكل 2 والشكل 3 عن أحوال تطوير معاهد كونفوشيوس وفصول كونفوشيوس في مناطق مختلفة.

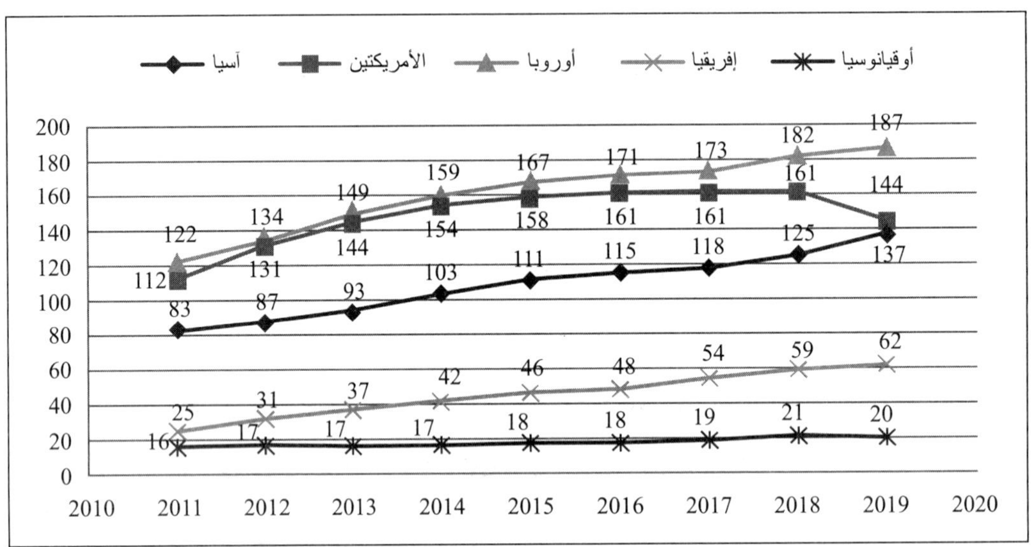

الشكل 2: أحوال تطوير معاهد كونفوشيوس في مناطق مختلفة

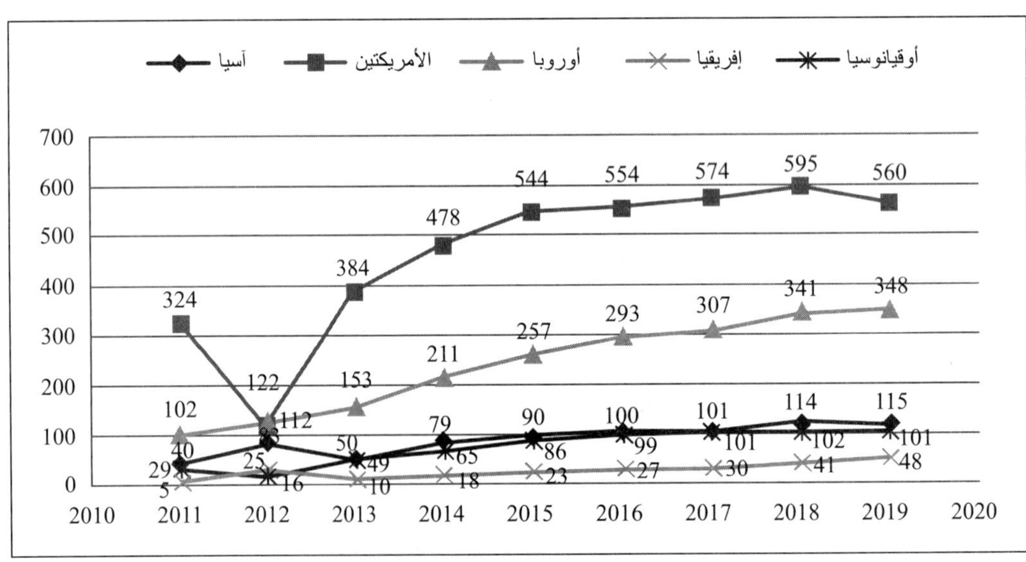

الشكل 3: تطوير فصول كونفوشيوس الدراسية في مناطق مختلفة

كان توزيع معاهد كونفوشيوس وفصول كونفوشيوس الدراسية في عام 2019م على النحو التالي: تم

إنشاء خمسمائة وخمسين معهد كونفوشيوس في مائة واثنتين وخمسين دولة (منطقة)، يشمل ذلك مائة وسبعة وثلاثين معهدًا في سبعة وثلاثين دولة (منطقة) في القارة الآسيوية بنسبة 25٪، واثنين وستين معهدًا في خمسة وأربعين دولة (منطقة) في القارة الإفريقية بنسبة 11٪، ومائة وسبعة وثمانين معهدًا في إحدى وأربعين دولة (منطقة) في القارة الأوروبية بنسبة 34٪، ومائة وأربعة وأربعين معهدًا في أربع وعشرين دولة (منطقة في الأمريكتين بنسبة 26٪، وعشرين معهدًا في خمس دول (مناطق) في قارة أوقيانوسيا بنسبة 4٪. يوجد ألف ومائة واثنان وسبعون فصلًا دراسيًا كونفوشيوسيًا في ثلاث وتسعين دولة (منطقة)، يشمل ذلك مائة وخمسة عشر فصلًا في أربع وعشرين دولة (منطقة) في القارة الآسيوية بنسبة 10٪، وثمانية وأربعين فصلًا في عشرين دولة (منطقة) في القارة الإفريقية بنسبة 4٪، وثمانية وأربعين فصلًا في إحدى وثلاثين دولة (منطقة) بالقارة الأوروبية بنسبة 30٪، وخمسمائة وستين فصلًا في ثلاث عشرة دولة (منطقة) بالقارة الأمريكية بنسبة 48٪، ومائة فصل وواحد في خمس دول (مناطق) بقارة أوقيانوسيا بنسبة 8٪. يبلغ إجمالي عدد الطلاب الذين يدرسون وجها لوجه في معهد كونفوشيوس 1.81 مليون طالب، وهو الرقم نفسه في السنوات الخمس الماضية وخمسة أضعاف ما كان عليه قبل عشر سنوات، ويبلغ عدد الطلاب الذين يدرسون عبر الإنترنت 1.688 مليون، والذي تضاعف عن العدد الذي كان في العام السابق. يمكن ملاحظة أن اختيار مسارات تعلم اللغة الصينية للدارسين متنوع، وأن طرق التدريس أصبحت أكثر وفرة، وبعد التطوير المستمر والبنّاء، يمكن لمعاهد كونفوشيوس أن تلبي بشكل أفضل احتياجات التعلم الذاتي لمختلفي دارسي اللغة الصينية.

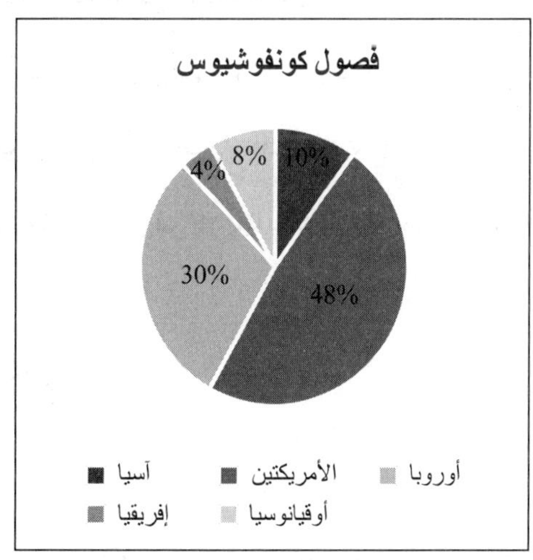

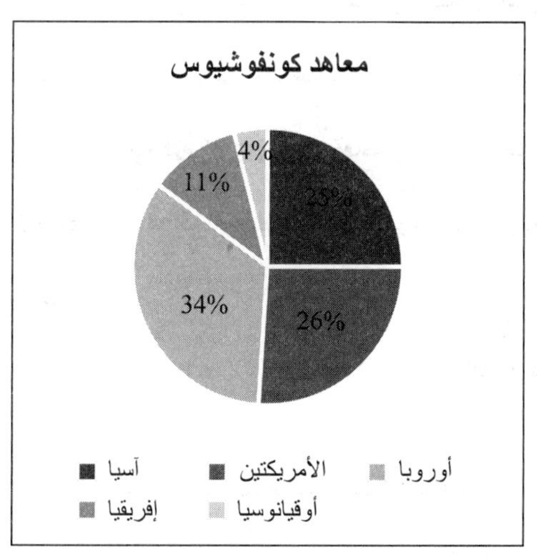

الشكل 4: التوزيع الإقليمي لمعاهد وفصول كونفوشيوس في عام 2019م

استنادًا إلى البيانات، لا يزال توزيع معاهد كونفوشيوس وفصول كونفوشيوس الدراسية في أوروبا والولايات المتحدة يمثل ثلثي إجمالي توزيعها، ويقترب التطور في آسيا الآن من مثيله في الأمريكتين، مما يدل على وجود اتجاه المتأخرين في اللحاق بالركب، كما أن التنمية في إفريقيا بدأت تظهر على نطاق واسع.

منذ أن بدأ معهد كونفوشيوس في تنفيذ مشروع معاهد كونفوشيوس النموذجية في عام 2013م، تم بناء ثمانية وأربعين معهدًا كونفوشيوسيًا نموذجيًا في جميع أنحاء العالم، منها تسعة عشر معهدًا في أوروبا. أنشأت المملكة المتحدة حتى الآن ثلاثين معهدًا كونفوشيوسيًا، ومائة وخمسة وستين فصلًا كونفوشيوسيًا في المدارس الابتدائية والإعدادية، وهو ما يمثل 5.5٪ من العدد الإجمالي لمعاهد كونفوشيوس و14.0٪ من فصول كونفوشيوس في العالم، حيث تحتل المرتبة الأولى في أوروبا والثانية في العالم.

الجدير بالذكر هو أنه في السنوات الأخيرة، بدأت معاهد كونفوشيوس في أوروبا والولايات المتحدة تواجه أوضاعًا صعبة في تطورها، وقد أولت وسائل الإعلام الغربية عمومًا اهتمامًا أكبر لمعاهد كونفوشيوس، كما زاد سوء التفاهم أيضًا. ارتفعت التقييمات السلبية بسبب سوء الفهم منذ عام 2014م. يركز سوء الفهم بشكل أساسي على بعض التحيزات المعرفية المتمثلة في مقصد معهد كونفوشيوس من إنشاء المعاهد، وتأثير إنشاء المعاهد، وتطلعات إنشاء المعاهد، وبعض الشكوك التي جلبت بعض المشاكل لإنشاء معاهد كونفوشيوس المحلية. ومع ذلك، تتطور معاهد كونفوشيوس وفصول كونفوشيوس الدراسية بشكل مُرضٍ في آسيا وإفريقيا، ويتمتع تعليم اللغة الصينية في آسيا بتاريخ طويل وأساس متين، وتتوسع احتياجات البلدان والمناطق الواقعة على طول مبادرة "الحزام والطريق" بشكل أكبر، وأصبحت المشاريع الخاصة مثل "اللغة الصينية + " مطالب جديدة لتطوير معاهد كونفوشيوس في دول جنوب شرق آسيا. وعلى الرغم من ضعف أساس تعليم اللغة الصينية في إفريقيا، وانخفاض عدد معاهد كونفوشيوس في العالم نسبيًا، فقد أنشأت 80٪ من الدول الإفريقية معاهد كونفوشيوس، ويتحسن زخم تطوير معاهد كونفوشيوس في إفريقيا بشكل أفضل، وآفاق تنمية واسعة.

ثانيا: نمط التدريس

1. مشاريع المخططات قيدة التنفيذ

أصدر مقر معهد كونفوشيوس/ خانبان في عام 2008م «مخطط منهج لتدريس اللغة الصينية الدولية»،

من أجل تلبية احتياجات البلدان في جميع أنحاء العالم لتوحيد محتوى تدريس اللغة الصينية، وفي السنوات الخمس التالية تم ترجمته إلى خمس وأربعين لغة، وقدم إرشادات لمختلف الأعمال التعليمية للغة الصينية في معاهد كونفوشيوس (الفصول الدراسية) حول العالم والجامعات الأجنبية والمدارس الابتدائية والإعدادية. «المخطط» هو ملخص ووصف لأهداف ومحتويات اللغة الصينية كلغة ثانية، ويهدف إلى توفير معايير ومراجع مرجعية للمؤسسات التعليمية للغة الصينية والمعلمين في صياغة خطط التدريس، وتقييم الكفاءة اللغوية للدارسين، وتجميع المواد التعليمية. تم إطلاق تنقيح «المخطط» في عام 2013م من أجل التكيف مع التغييرات الجديدة في وضع التدريس الدولي للغة الصينية، وتلخيص نتائج البحث لتدريس اللغة الصينية في الوقت المناسب، وتخطيط وتوجيه تصميم دورات تدريس اللغة الصينية بشكل أفضل، وتجميع المواد التعليمية، وتقييم الكفاءات، وغيرها من الأعمال.

من أجل الدمج السلس والفعال لتعليم اللغة الصينية في نظام التعليم الوطني في المزيد من البلدان، وتحقيق هدف توطين اللغة الصينية على المستوى الدولي، وفي الوقت نفسه حل مشكلة «مخطط مناهج تدريس اللغة الصينية الدولية» لا يمكن تنفيذه بشكل مباشر في المناطق الأجنبية، يسترشد معهد كونفوشيوس في جامعة اللغات والثقافة ببكين بـ «مخطط مناهج تدريس اللغة الصينية الدولية»، ويختار البلدان النموذجية والمهمة في النطاق العالمي، ويبدأ بممارسات تدريس اللغة الصينية في المدارس الابتدائية والإعدادية المحلية، ويدرس ويطور «المنهج العام وتخطيط المناهج لتدريس اللغة الصينية الدولية» الذي يتحلى بالاختلاف الدولي والعملي. من خلال قنوات التعليم الرسمية الخارجية، تجمع عضويًا بين معايير التدريس ونماذج التدريس وطرق التدريس للغة الصينية في الصين والتعليم في الخارج، ومن خلال قنوات التعليم الرسمية الخارجية، يتم إدخال معايير تعليم اللغة الصينية الناضجة ونماذج التدريس وطرق التدريس والموارد التعليمية في نظام التعليم الوطني في الخارج.

حتى نهاية عام 2019م، كانت الدول التي تم تنفيذ هذا المشروع فيها عشر دول في ست قارات: الولايات المتحدة وكندا بقارة أمريكا الشمالية، وتشيلي بقارة أمريكا الجنوبية، وإسبانيا وبلغاري بقارة أوروبا، ونيوزيلندا بقارة أوقيانوسيا، والكاميرون وزامبيا بقارة إفريقيا، وتايلاند، وقيرغيزستان بقارة آسيا. تشمل الإنجازات حتى الآن «مناهج تدريس اللغة الصينية من الروضة إلى الصف الخامس في المدارس الابتدائية الأمريكية»، و«مناهج تدريس اللغة الصينية للصفوف من الصف السادس إلى الثاني عشر في المدارس

الإعدادية الأمريكية»، و«مناهج تدريس اللغة الصينية للصفوف من الصف الأول إلى الصف الرابع في المدارس الإعدادية التشيلية»، و«مناهج تدريس اللغة الصينية في الكاميرون للمرحلتين الثالثة والرابعة في المدرسة الإعدادية»، و«مناهج تدريس اللغة الصينية القائمة على المهام بنيوزيلندا»، و«مناهج تدريس اللغة الصينية في المدارس الإعدادية بزامبيا»، وغيرها.

تلتزم «مشروعات التفيذ في الخارج لـ» المنهج العام لتدريس اللغة الصينية الدولية» بشكل وثيق بمتطلبات تدريس اللغات الأجنبية/ اللغة الصينية للبلدان المستهدفة، ويحتفظ بالنظام العلمي والمحتوى الأساسي ل « المنهج العام لتدريس اللغة الصينية الدولية»، وفي الوقت نفسه، يتبنى وضع الكتابة الذي يفضله السكان المحليون والمقبول من قبل المدارس الابتدائية والإعدادية، والمدعوم رسميًا، وأخيرًا دخل نظام التعليم الوطني في الخارج كدليل فرعي المستوى تحت مستوى المخطط التفصيلي، حيث يمكن لدارسي اللغة الصينية في الخارج، وخاصة طلاب المدارس الابتدائية والإعدادية، تعلم اللغة الصينية بشكل أكثر علمية ومنهجية في نظام التعليم الخاص بهم، ويشعرون بسحر الثقافة الصينية. ويعد وصول «المنهج العام لتدريس اللغة الصينية الدولية» للخارج، عاملا مساعدًا على رعاية جيل جديد من الأصدقاء الصينيين والأجانب، وترسيخ صورة الصين بطريقة إيجائية، وتوسيع نفوذ الصين في الخارج.

2. معهد كونفوشيوس عبر الإنترنت

معهد كونفوشيوس عبر الإنترنت (www.chinesecio.com) هو نظام تعليمي صيني عن بعد عبر الإنترنت أنشأه المقر الرئيس لمعهد كونفوشيوس في عام 2008م. يهدف إلى الاستفادة الكاملة من التقنيات والنماذج الجديدة مثل الإنترنت والبيانات الضخمة والذكاء الاصطناعي وما إلى ذلك، وتنفيذ مشروع التعليم عبر الإنترنت، وبناء منصة تعليمية عبر الإنترنت لدارسي اللغة الصينية على مستوى العالم، وتوفير المزيد من الموارد الثقافية لمحبي الثقافة الصينية. وفي الوقت الحالي، يضم معهد كونفوشيوس عبر الإنترنت مائة وثلاثة وأربعين مقرًا وأكثر من خمسة آلاف وخمسمائة دورة ضخمة على شبكة الإنترنت المفتوحة ودورات مصغرة في ثمانية مجالات، بما في ذلك تعلم اللغة الصينية، واختبارات اللغة الصينية، ونظرة عامة على الصين، والثقافة التقليدية، وتدريب المعلمين، والصينية الاحترافية، ومحاضرات المتخصصين، ويدمج الدورات الفردية ودورات البث المباشرة والتدريس التفاعلي وأدوات التدريس الذكية وأنظمة إدارة الدورات،

ويوفر نظام خدمة متعددة المستويات للتدريس والتعلم والفحص والتدريب؛ لتلبية احتياجات دارسي اللغة الصينية على مستوى العالم للتعلم في أي وقت وفي أي مكان.

وحتى نهاية عام 2019م، سجل معهد كونفوشيوس عبر الإنترنت 1.688 مليون طالب، وجمع 12.02 مليون زيارة، وأكثر من أربعة آلاف معلم يدرسون المواد، وأكثر من ثلاثمائة ألف دورة عبر الإنترنت، وأكثر من سبعة آلاف برنامج تعليمي. توفر مواقع الويب مثل "تسعمائة جملة باللغة الصينية" تسع عشرة لغة وتشمل الإنجليزية، والفرنسية، والروسية، والإسبانية، والكورية، واليابانية، والعربية، والبورمية، وغير ذلك؛ مما يوفر الراحة لدارسي اللغة الصينية الدولية في استخدام المواقع.

3. "اللغة الصينية + "

مع تطور وتنوع الطلب على المواهب الصينية في مختلف الدول في السنوات الأخيرة، بدأت أيضًا أهداف تدريس اللغة الصينية، ومحتويات التدريس، وأنماط التدريس في معاهد كونفوشيوس في التغيير. هناك المزيد والمزيد من البلدان بحاجة إلى مواهب متعددة التخصصات "الصينية +" في التكنولوجيا والأعمال والتجارة، وما إلى ذلك؛ حيث يواكب معهد كونفوشيوس العصر، وقد أطلق سلسلة من المشاريع الخاصة "الصينية +" في الوقت المناسب للمساعدة في تنمية مواهب متعددة التخصصات في مختلف البلدان.

على سبيل المثال: افتتح معهد كونفوشيوس بجامعة كانساي للدراسات الأجنبية في اليابان دورة "اللغة الصينية لمضيفي الطيران"، والتي بدأت في عام 2017م، وتستهدف طلاب جامعات اللغات الأجنبية في كانساي الذين اجتازوا اختبار إجادة اللغة الصينية (HSK) المستوى الرابع أو أعلاه، والذين يعتزمون العمل في مجال الطيران في المستقبل. تشتمل الدورة التجريبية على ثلاثين مقعدا لكل فصل دراسي، وقد تم حجز الدورة بمجرد إطلاقها. وحتى نهاية فصل الخريف لعام 2019م، تم تقديم دورة "اللغة الصينية لمضيفي الطيران" لمدة ثلاث سنوات متتالية وستة فصول دراسية، وزاد عدد الفصول أيضًا من فصل إلى فصلين، مع مشاركة أكثر من مائة وثمانين طالبًا في الدورة. في الوقت نفسه، يركز معهد كونفوشيوس عن كثب على موضوع التوظيف، ويربط بشكل وثيق بين الدراسة والتوظيف باللغة الصينية، وقد أضاف على التوالي دورات دراسية خاصة باللغة الصينية مثل اللغة الصينية في التجارة، واللغة الصينية في الطب، ودراسات في التخطيط الوظيفي العالمي، وغيرها.

كما أقام المؤتمر الدولي لتعليم اللغة الصينية لعام 2019م لأول مرة منتدى "اللغة الصينية + المهارات المهنية"، حيث دعا الشركات الصينية والأجنبية وخبراء التعليم لمناقشة كيفية القيام بالتوظيف وريادة الأعمال، وأعرب المشاركون عن آرائهم وأجروا مناقشات حية حول موضوعات مثل التنمية المستدامة لمشروع "الصين +"، والمناقشات بدأت تظهر نتائج. في الوقت الحالي، قدم أكثر من مائة معهد كونفوشيوس في أكثر من أربعين دولة حول العالم دورات "اللغة الصينية +"، والتي تغطي عشرات المجالات مثل السكك الحديدية عالية السرعة، والاقتصاد، والتجارة، والطيران. سيوفر مشروع "الصينية +" في المستقبل المزيد من فرص التعليم المهني باللغة الصينية للطلاب من جميع أنحاء العالم من خلال الابتكار والتطوير المستمر.

ثالثا: المجلات المتعددة اللغات

مجلة «معهد كونفوشيوس» متعددة اللغات هي سلسلة من المنشورات التي يرعاها المقر الرئيس لمعهد كونفوشيوس/ خانبان. تم نشر النسخة الصينية والإنجليزية من مجلة «معهد كونفوشيوس» لأول مرة في شهر مارس عام 2009م. ومن أجل إثراء المحتوى بشكل أكبر، وتوسيع المنظور الدولي، وتلبية الاحتياجات المتنوعة لمختلف البلدان في تعلم اللغة الصينية وفهم الثقافة الصينية، بدأ منذ عام 2010م، إطلاق طبعات ثنائية اللغة مع اللغة الصينية من مجلات «معهد كونفوشيوس» على التوالي، وتم دمج عشر لغات بما في ذلك الإسبانية، والفرنسية، والروسية، والعربية، والألمانية، والبرتغالية، والإيطالية، واليابانية، والكورية، والتايلاندية. وحتى نهاية عام 2019م، تم توزيع حوالي مائتي ألف نسخة من مجلات «معهد كونفوشيوس» بلغات مختلفة على مستوى العالم لكل إصدار، أي سبعة أضعاف الإصدار الأول؛ حيث تم توزيعها للجمهور في أكثر من مائة وستين دولة ومنطقة، بزيادة عشرين دولة عما كان في عام 2018م، وزيادة أربعين دولة عما كان في عام 2014م، وتجاوز القرّاء مليون قارئ. وقد ظهر «معهد كونفوشيوس» في العديد من المعارض الدولية الحافلة مثل معرض فرانكفورت للكتاب، ومعرض باريس للغة، ومهرجان المغرب الدولي للغات، وغيرها من المعارض الدولية، وقد حظي باهتمام وترحاب الجمهور المحلي.

تقدم مجلة «معهد كونفوشيوس» بشكل أساسي الثقافة الصينية، وتقارير عن أنشطة معهد كونفوشيوس،

وتدريس اللغة الصينية وتعلمها، وتحكي قصصًا عن التبادلات الشعبية والتبادلات الثقافية بين الصين والدول الأجنبية. باعتبارها المنشور المحلي الوحيد الذي يحتوي على أرقام إصدارات مستقلة بلغات متعددة ويحقق التحرير والنشر والتوزيع على المستوى المحلي، تعدّ مجلات «معهد كونفوشيوس» فريدةً من بين المجلات "الانفتاحية"، وأصبحت بطاقة أعمال مشرقة للتبادلات بين الثقافات، ومواد تعليمية حية يتعلم الناس من جميع أنحاء العالم اللغة الصينية ويفهمون الصين من خلالها. وفي عام 2016م، تم اختيارها كواحدة من "أفضل مائة دورية" من قبل جمعية الدوريات الصينية، ومجلة الكتاب السنوي للدوريات الصينية، ومعرض تجارة الدوريات الصينية. في عام 2017م، ظهرت إحدى عشرة مجلة ثنائية اللغة في معرض فرانكفورت للكتاب جنبًا إلى جنب مع "مجلة الصين" التي نظمتها إدارة الدولة للصحافة والنشر والإذاعة والسينما والتلفزيون لأول مرة، وحظيت بإشادة كبيرة وردود فعل إيجابية. في الوقت الذي يقوم فيه بعمل جيد في المجلات الورقية واستكشاف "الانفتاحية"، يستكشف معهد كونفوشيوس بنشاط تكامل وتحويل الوسائط، ويبني وضع التشغيل التفاعلي "عبر الإنترنت +" وغير المتصل بالإنترنت، واستكمل دمج شبكة المجلات الأكاديمية، والحساب الرسمي الوتشات Wechat للمجلة الأكاديمية، والمجلة الأكاديمية؛ لتحقيق "إصدار واحد، وعرض المتعدد المنصات" "وسائل الإعلام المطبوعة هي الجسد، والموقع الإلكتروني والوسائط الجديدة هما الجناحان".

في عام 2019م، كان معهد كونفوشيوس لا يزال يتمسك باتجاه التطور الجيد والمستقر. وعلى أساس التركيز على الأعمال الرئيسة في تعليم اللغة الصينية، فإن أساليب إدارة المدارس وأنماط التدريس أكثر تنوعًا. يمر معهد كونفوشيوس الحالي بفترة حرجة من تطور الجوهر، والتكامل العميق، وتعزيز العلامة التجارية. في المستقبل، وسوف يتم التركيز على الأعمال اللغوية الرئيسة، والاندماج بنشاط في المناطق المحلية، والتشجيع على تعزيز السمات التعليمية. وفي الوقت نفسه، سيساعد ذلك أيضًا معهد كونفوشيوس على تحسين الجودة والكفاءة من خلال توسيع قنوات التمويل والموارد، وتعزيز إصلاح النظام والآلية. من خلال برامج توجيه السياسات والتنسيق العام، يتم الدعم الشامل لرقيّ معهد كونفوشيوس وتحوّله وتطويره، ومن خلال إنشاء مؤسسات دولية خاصة ومراكز تبادل اللغة الصينية واللغات الأجنبية، سيتم الترويج لمعهد كونفوشيوس كعلامة تجارية عالمية لتعليم الرفاهية العامة في العمليات الخاصة والموجهة نحو السوق، كما سيجعل معهد كونفوشيوس يحقق مزيدا من التحوّل والرقيّ والتطوير في الاتجاه نحو الذاتية والتوطين.

في المستقبل، سيكون تطوير معهد كونفوشيوس مكملًا مفيدًا لتحسين نظام تعليم اللغة الصينية على

المستوى الدولي لطلبة الجامعات والحاصلين على الماجستير والدكتوراه، وسيدعم الجامعات الصينية لإنشاء كليات دولية لمعلمي اللغة الصينية، والعمل مع الأقسام ذات الصلة للدراسة وصياغة سياسات لتحسين معاملة معلمي اللغة الصينية والمتطوعين الذين يتم إرسالهم إلى الخارج، ودعم الخبراء الصينيين والأجانب على تنفيذ مشروع المواد التعليمية عالية الجودة بشكل مشترك، وتحسين وصقل سلسلة معايير تعليم اللغة الصينية الدولية، وتحسين معايير التأهيل لمعلمي اللغة الصينية الدولية، والاستمرار في دعم وتشجيع المشاركة الإيجابية لمختلف المدارس والمؤسسات والمنظمات الاجتماعية والأفراد في الصين وجميع دول العالم، وعلى وجه الخصوص دعم وتشجيع الجامعات الصينية والأجنبية على إنشاء المؤسسات والوسائل الأخرى بشكل مشترك، والمشاركة بشكل أكبر في بناء معاهد كونفوشيوس والتعليم الدولي للغة الصينية، وفتح المجال كاملًا للدور الرئيس لمعاهد كونفوشيوس في إنشاء المدارس.

(المؤلف: تشين ليشيا، جامعة اللغات والثقافة ببكين)

III التقارير الإقليمية

تقرير عن تطوير تعليم اللغة الصينية دوليًا في آسيا

أولا: الأوضاع العامة

يمكن تلخيص أوضاع تعليم اللغة الصينية دوليًا في آسيا لعام 2019م في كلمتين رئيستين: "شغف" و"حديث". فكلمة "شغف" تعني أن الولع بتعلم اللغة الصينية لا يزال في ازدياد بلا هوادة، وكلمة "حديث" تعني أن مجال تعليم اللغة الصينية دوليًا قد قدم العديد من الابتكارات في تحسين الجودة والكفاءة، والتحول ورفع مستواها والارتقاء بها. أما المظاهر المحددة فهي كالآتي:

1. استمرار انضمام عدد من البلدان الصينية المدرجة ضمن نظام التعليم الوطني

بحلول أواخر عام 2019م، قامت 69 دولة دولة (منطقة) في جميع أنحاء العالم بإدراج اللغة الصينية كجزء مهم ضمن نظام التعليم الوطني بها في شكل صياغة سياسات ولوائح لها، وأدرجت بعض البلدان اللغة الصينية كواحدة من مواد اللغة الأجنبية في امتحان القبول الجامعي، ووضع البعض اللغة الصينية ضمن نظام تعليم اللغات الأجنبية الكامل من التعليم قبل المدرسي إلى التعليم العالي.

ويبرز إدراج تعليم اللغة الصينية ودمجها في نظام التعليم الوطني المكانة الدولية للصينيين، كما أنه يبرز تحسين معايير نظم تعليم اللغة الصينية على جدول الأعمال. ومن بعد اليابان وكوريا الجنوبية والفلبين وتايلاند وماليزيا وسنغافورة ودول أخرى، أعلنت المملكة العربية السعودية والإمارات العربية المتحدة وجورجيا ودول أخرى لأول مرة أنها ستدرج تعليم اللغة الصينية في أنظمتها التعليمية الوطنية، وأعلنت المملكة العربية السعودية في 23 فبراير أنها ستدرج اللغة الصينية في المناهج الدراسية لجميع المراحل التعليمية في المملكة

لجعل التعليم في البلاد أكثر تنوعًا، ولقد أعلنت دولة الإمارات العربية المتحدة أنه ابتداء من سبتمبر عام 2019م، ستبدأ نحو 60 مدرسة عامة في البلاد من رياض الأطفال إلى المدارس الثانوية في تدريس المناهج الدراسية للغة الصينية رسميا، في حين أن وزارة التربية والتعليم الإماراتية تخطط أيضا لتعيين 150 معلما للغة الصينية في عامي 2019م- 2020م، وتعزيز تدريس اللغة الصينية في 200 مدرسة، وفي أوائل عام 2019م، وقعت الصين ودولة جورجيا «مذكرة تعاون بشأن تعزيز تعليم اللغة الصينية في تبليسي»، وأكدت دولة جورجيا رسميا إدراج تدريس اللغة الصينية في نظام التعليم الوطني الجورجي.

2. إنشاء معاهد كونفوشيوس وفصول كونفوشيوس الدراسية حديثا بصورة نشطة

وتواصل معاهد كونفوشيوس التوسع الجغرافي، وتقوم البلدان الواقعة على طول مبادرة "الحزام والطريق" بإضافة أو إنشاء معاهد جديدة. واعتبارا من عام 2019م، تم إنشاء ما مجموعه 137 معهدا كونفوشيوسيا في 37 دولة (منطقة) في آسيا، وأنشأت 24 دولة (منطقة) ما مجموعه 115 فصلًا دراسيًا تابعا لكونفوشيوس.

في عام 2019م، تم إنشاء ما مجموعه 27 معهدا كونفوشيوسيا جديدا و66 فصلًا دراسيًا تابعا لكونفوشيوس، بما في ذلك 4 في قارة آسيا، وهي مركز اللغة الصينية في جامعة بيونغ يانغ واي الصينية في كوريا الشمالية، ومركز اللغة الصينية في كلية فيرا في جزر المالديف، ومعهد كونفوشيوس في جامعة جدة في المملكة العربية السعودية، والفصول الدراسية التابعة لكونفوشيوس في كلية إدارة الأعمال في تيمور الشرقية. وخلال المؤتمر الدولي للتعليم الصيني الذي عقد في ديسمبر عام 2019م، أقامت دولة إندونيسيا والفلبين وجورجيا والمملكة العربية السعودية والمالديف وتيمور الشرقية وغيرها احتفالا بمناسبة المشاركة في التوقيع على إنشاء معاهد كونفوشيوس الجديدة وفصول كونفوشيوس الدراسية.

3. عدد دارسي اللغة الصينية لا يزال في ارتفاع مضطرد

في عام 2019م، وصل الناتج المحلي الإجمالي GDP للصين إلى 98.7 تريليون يوان، ليصبح ثاني أكبر اقتصاد في العالم، وقد أدى التطور السريع للاقتصاد، والتحسين المطرد للقوة الوطنية الشاملة، إلى استمرار نمو الطلب الخارجي على المواهب الصينية في النمو. وفي الوقت نفسه، يشارك عدد كبير من البلدان في آسيا في بناء مبادرة "الحزام والطريق"، مما زاد من تعزيز تطوير قضية تعليم اللغة الصينية دوليا.

في عام 2019م، استمر الطلب الصلب القوي على تعلم اللغة الصينية في الازدياد، ووصل عدد المتعلمين بشكل متكرر إلى مستوى مرتفع وحديث، حيث تجاوز عدد المتعلمين في اللغة الصينية 150 مليونا على مستوى العالم. وفي آسيا، بلغ عدد الطلاب الماليزيين الدارسين للغة الصينية أكثر من 600000 متعلم، وفي عام 2019م، بلغ عدد الطلاب المقيدين لدراسة اللغة الصينية في معهد كونفوشيوس في جامعة مالايا وحدها 12000؛ إضافة إلى ذلك، تجاوزت تايلاند عدد مليون دارس للغة الصينية، وتجاوزت اليابان عدد مليوني دارس للغة الصينية أيضًا، وتجاوزت كوريا الجنوبية عدد عشرة مليون دارس للغة الصينية؛ لتحتل المرتبة الأولى في العالم.

بالنظر إلى دارسي اللغة الصينية، هناك العديد من الخصائص والميزات البارزة: (1) من الهوايات الشخصية واحتياجات التنمية الشخصية، أدى تعلم اللغة الصينية جيدًا لتحسين القدرة التنافسية الشخصية في مكان العمل إلى زيادة الوعي، مما جعل كثيرا من الأشخاص في حاجة ماسة لتعلم اللغة الصينية فقط. (2) أن زيادة الطلب على "اللغة الصينية +" يعد أمرًا بارزًا، وخاصة الطلب على "اللغة الصينية + المهنة" يتزايد تباعًا، مما يدل على أن غرس المواهب المركبة "اللغة الصينية +"، وخاصة مواهب "اللغة الصينية + المهنة"، هو مطلب أكثر عمليًا للدول الآسيوية. (3) سن المتعلم يميل إلى أن يكون أصغر، فهناك كثير من المتعلمين في المدارس الابتدائية والثانوية وحتى رياض الأطفال. (4) تزايد عدد المتعلمين والدارسين عبر الإنترنت، وهناك اهتمام قوي في مواد التعلم الصينية الذكية.

4. توسع المؤسسات التعليمية الصينية بصورة بارزة، ونموذج إدارة المدرسة بشكل متنوع

لقد ألهب حماس تعلم اللغة الصينية سوق التعليم وجعله ساخنًا وملهمًا للغاية، مثل ما حدث في بلدان كوريا الجنوبية وتايلاند وغيرها من البلدان التي اهتمت بتعليم اللغة الصينية، وقد امتدت خطتها من الجامعات إلى المدارس الابتدائية والثانوية وحتى رياض الأطفال، وقد أصبحت الفروق بين مراحل تعلم المتعلمين والفئات العمرية أكثر أهمية وأكثر وضوحًا؛ فالمؤسسات التي تقوم بعمل دورات في اللغة الصينية هي المدارس الكبيرة والمتوسطة والصغيرة على حد سواء، وبها الكليات المهنية ومدارس التدريب الاجتماعي؛ والطلب على محتوى التعلم ليس اللغة الصينية، و"اللغة الصينية + التخصص"، و"اللغة الصينية + المهنة" وغيرها من التخصصات فحسب، بل أيضًا يتزايد الطلب على التعلم المهني الحرفي والشخصي وتزداد وتيرته

بسرعة؛ وتشمل أساليب التعليم: التدريس المركزي والمباشر وجها لوجه، والتدريس الفردي، والتدريس عبر الإنترنت في المدارس، وما إلى ذلك. ويحضر بعضهم دروسا خلال النهار، بينما يدرس آخرون ليلا من خلال فصول دروس التقوية الخصوصية. ولقد أدت الزيادة المستمرة في عدد المتعلمين إلى استمرار المؤسسات التعليمية الأصلية في توسيع نطاق التسجيل والالتحاق بها، كما أدت إلى استحداث مجموعات من المؤسسات التعليمية الجديدة.

وقد أدى تنوع احتياجات التعليم إلى زيادة تنوع طرق إدارة المدارس، واعتمدت بعض المدارس حزمة متنوعة وأساليب مختلفة من الطرق والأساليب مثل: تفعيل التعليم المشترك، والتعاون بين المدارس والمشروعات لتزويد المتعلمين بفرص تطوير أفضل للتنمية. وتحديدًا، تطور تعلم "اللغة الصينية + المهنة" والذي حقق قفزة سريعة بحلول عام 2019م، مثل معهد كونفوشيوس في جامعة كاتماندو في نيبال الذي عقد حصة تدريبية "اللغة الصينية + إصلاح السيارات" في الفترة من مارس إلى مايو من العام نفسه، وافتتح معهد كونفوشيوس في جامعة طهران بإيران صفوفا تدريبية على المهارات المهنية "اللغة الصينية +". ولقد تعاون معهد كونفوشيوس في جامعة مالايا، بماليزيا، مع بنك مالايا، وشركة بترول ماليزيا، ووزارة الداخلية، وقطاع الشرطة الملكية، ومكتب الهجرة وغيرهم، لافتتاح سلسلة من الدورات الخاصة بتدريس اللغة الصينية مثل "اللغة الصينية + الشرطة"، "اللغة الصينية + القانون"، "اللغة الصينية + الأعمال التجارية"، "اللغة الصينية والمطارات والجمارك" وما إلى ذلك. وفي 14 نوفمبر لعام 2019م، بالتعاون مع شركة التكنولوجيا زد تي إي ZTE لإدارة التعليم المحدودة، تم افتتاح "دورات التدريب على المهارات المهنية باللغة الصينية" في مجال الاتصالات وإنترنت الأشياء والبيانات الضخمة وغيرها من المهن التي تشتد الحاجة إليها في المجتمع، وتدشين نموذج المواهب بعنوان "اللغة الصينية + المهنة" الذي ترسخه المدارس المهنية في تايلاند والمدارس المهنية المحلية في الصين، والذي يحظى برعاية متزايدة من قبل المتعلمين، وتأمل الحكومة أيضا الدمج بين التدريب على المهارات المهنية وتقييم شهادات الدرجات العلمية.

5. تحسن كبير وملحوظ في جودة التدريس وكفاءته

قد كنا أمام مجموعات وتكتلات الدراسة الواسعة الضخمة، ولقد حظي تحسين جودة التدريس وتحسين النظام القياسي والنموذجي لتدريس اللغة الصينية باهتمام خاص في مجال تعليم اللغة الصينية دوليًا خلال عام

2019م.

كانت قضايا "التعليم الثلاثة" الأساتذة، والمواد التعليمية وطرق التدريس قيد الاستكشاف والتطوير منذ بداية تعليم اللغة الصينية دوليًا. وكان الهدف من الذهاب إلى دولة الصين في بعثة دراسية هو تعلم اللغة الصينية في بلدها الأم، وبسبب القواسم المشتركة بين الثقافات الآسيوية، جلبت العولمة تبادلات متواصلة. وبعد عشر سنوات من البناء وإرساء أسس تعليم اللغة الصينية، نجد أنه تمت معالجة قضايا "التعليم الثلاثة" بشكل جيد من خلال دراسة المتعلمين في الصين؛ ومع ذلك نجد في الدول الأجنبية، وخاصة في البلدان التي يوجد بها عدد كبير من دارسي اللغة الصينية، أنه لا يزال قضايا "التعليم الثلاثة" بارزة للعيان، والوضع العام لتدريس اللغة الصينية في حالة تطوّر حلزوني متصاعد.

فيما يتعلق بإعداد الأساتذة، لا يزال هناك مصدران في الدول الأجنبية، هما: الإيفاد من الصين، والتدريب المحلي. فالأساتذة المحترفون والأساتذة المحليون هم أساس التوجه لتدريب وتأهيل الأساتذة في عام 2019م وفي المستقبل. في عام 2019م، أعلن مكتب خنبان (المكتب الوطني الصيني للتعاون الدولي للترويج لتدريس اللغة الصينية دوليًا) عن 5885 وظيفة عبر التطوع الاختياري حديثًا. ولقد نظمت كثير من الكليات والجامعات المحلية عدة دورات تدريبية للمعلمين والأساتذة الصينيين المتطوعين. فعلى سبيل المثال، في نهاية عام 2018م، عقدت جامعة بكين للغات والثقافة تدريبًا قبل العمل لمعلمين وأساتذة صينيين متطوعين في مقر معهد كونفوشيوس/ مكتب خنبان (المكتب الوطني الصيني للتعاون الدولي للترويج لتدريس اللغة الصينية دوليًا)، لإيفادهم إلى كوريا الجنوبية للتدريس في المدارس الابتدائية والثانوية في عام 2019م. وقد شارك في التدريب والتأهيل 307 متطوع من 94 كلية وجامعة في 27 مقاطعة من جميع أنحاء الصين، وتم إرسالهم إلى كوريا الجنوبية بهدف القيام بتدريس اللغة الصينية. في 21 مارس من العام نفسه، قامت جامعة هاينان العادية بتأهيل وتدريب 100 مدرس متطوع للغة الصينية في مقر معهد كونفوشيوس/ مكتب خنبان خنبان (المكتب الوطني الصيني للتعاون الدولي للترويج لتدريس اللغة الصينية دوليًا) لإيفادهم إلى تايلاند للقيام بتدريس اللغة الصينية أيضًا، إلخ. وفي عام 2019م، ركزت بعض البلدان والدول أيضًا على تأهيل مدرسين محليين في اللغة الصينية. وعلى سبيل المثال، أنشأت جامعة مالايا في ماليزيا برنامج ماجستير بعنوان "تدريس اللغة الصينية للناطقين بلغات أخرى"، والذي تم إنشاؤه بالاشتراك مع كلية الدراسات العليا بجامعة مالايا، وكلية اللغات، وكلية التربية، ومعهد كونفوشيوس وجامعة بكين للدراسات الأجنبية؛ بهدف تأهيل وتدريب مدرسي

اللغة الصينية المحليين الماليزيين الذين يعانون من نقص حاد في ذات التخصص. في ديسمبر من عام 2019م، حضر أكثر من 50 مدرسًا صينيًا نيباليًا محليًا إلى معهد بكين الدولي للدراسات التأهيلية في اللغة الصينية للمشاركة في "دورة عام 2019م لتأهيل معلمي اللغة الصينية المحليين من نيبال في الصين". وبالطبع، نلاحظ زيادة تعداد المعلمين والأساتذة بشكل عام، وأنه يوجد ما يقرب من 5 ملايين مدرس للغة صينية حول العالم، وبغض النظر عن الطريقة المعتمدة لجلب الأساتذة، لا يزال تعداد مدرسي اللغة الصينية في وضع أقل من المطلوب في مختلف الدول.

وأما ما يتعلق بالمواد التعليمية وأساليب الدراسة، نجد استمرار المواد التعليمية التقليدية في تأدية دورها، وأصبحت مواد التدريس المحلية و"اللغة الصينية + " موضوعات ساخنة لإعداد مواد لتدريسها. وعلى صعيد توجيه مفهوم تطوير مواد تدريس اللغة الصينية الموحدة والمحلية والمتنوعة لتكون معيارية ونموذجية، لقد تم إحراز تقدم ونقلة جديدة في إعداد مواد التدريس النموذجية المقررة لتعليم اللغة الصينية في الدول الأجنبية، والتعاون الصيني الأجنبي، وبحث تطوير مواد التدريس المحلية للغة الصينية. وبعد أن أدرجت دولة الإمارات المتحدة اللغة الصينية في نظامها التعليمي الوطني في عام 2019م، كان الكتاب المدرسي المستخدم هو الذي أعدته وزارة التربية والتعليم في دولة الإمارات العربية المتحدة بالاشتراك مع مكتب خنبان. تعمل دولة الإمارات العربية المتحدة أيضًا مع مكتب خنبان خنبان (المكتب الوطني الصيني للتعاون الدولي للترويج لتدريس اللغة الصينية دوليًا) للاستمرار في تطوير مجموعة من المواد التعليمية الدراسية والثقافية التي يمكن أن تساعد طلاب دولة الإمارات العربية المتحدة على فهم أفضل لجميع جوانب ومجالات المجتمع الصيني كافة.

وفيما يتعلق بأساليب وطرق التدريس، فلا يزال التدريس التقليدي- ليس عبر الإنترنت- هو أسلوب التدريس السائد، ومع ذلك، فإن التقنيات الجديدة قد عززت من نظام التدريس عبر الإنترنت بشغف وحيوية جمة، وقد ظهر نموذج التدريس المدمج والهجين عبر الإنترنت. إن إيجاد موارد تعليمية عبر الإنترنت قد بات وشيكًا للغاية، ويتحتم على الأساتذة أن يكونوا أكثر وعيًا بتبنيهم مجموعة متنوعة من طرق وأساليب التدريس والمناهج التعليمية المناسبة لثقافة البلد المضيف كتعلم المهامّات، وأساليب تعلم الموضوعية، وأساليب تعلم المواقف والظروف، وتعلم الألعاب والتسلية، والعلوم التجريبية، وطرق التدريس والتعلم الأخرى التي تحظى بشعبية كبيرة وفعالة وإقبال متزايد.

6.عدد طلاب اختبارات HSK يرتفع إلى مستويات قياسية حديثة باطراد

ولقد حقق الملتحقون الذين تقدموا اختبار المستوى الرفيع الجديد لإجادة اللغة الصينية (HSK) مستويات قياسية حديثة باطراد في آسيا. ففي دولة سيريلانكا، عقد معهد كونفوشيوس في جامعة كيلاني أول اختبار لإجادة اللغة الصينية HSK في 12 يناير من عام 2019م، وقد بلغ عدد الممتحنين 102 طالبًا، وفي دولة ميانمار، تم تنظيم أول اختبار لإجادة اللغة الصينية HSK لعام 2019م من قبل فوشينغ- الفصول الدراسية التابعة لمعهد كونفوشيوس في 11 مايو من العام نفسه، وقد بلغ عدد الممتحنين 1058 طالبًا، وفي دولة تايلاند، تم إجراء أول اختبار لإجادة اللغة الصينية HSK من قبل مدرسة كوانغ تونغ Sukhothai Guangzhong الإعدادية في عام 2019م، وقام 506 طالب بتسجيل الالتحاق باختبار إجادة اللغة الصينية HSK في مدرسة كوانغ تونغ Sukhothai Guangzhong، ومدرسة كامفينج فيت Kamphaeng Phet Sapsati، وكان عدد الطلاب الملتحقين بالامتحانات هو الأعلى في التاريخ، وفي 24 فبراير، ضمت الجولة الثانية عدد 1420 طالبًا في الامتحانات الثلاثة HSK وHSK وKYCT التي أجراها معهد كونفوشيوس في جامعة راجابات في مانسوند تشوبايا في عام 2019م وقد بلغ إجمالي عدد الأشخاص الذين شاركوا في اختبار HSK في عام 2019 في معهد كونفوشيوس في فوكيت 12327 طالبًا، وقد احتل العدد الإجمالي للممتحنين المرتبة الأولى لمستوى اللغة الصينية من بين جميع معاهد كونفوشيوس في تايلاند. وفي دولة فيتنام، شارك في أول اختبار لإجادة اللغة الصينية الذي نظمه معهد كونفوشيوس في جامعة هانوي وحدها 1250 من المتقدمين للاختبار في يناير من عام 2020م. وفي عام 2018م، كان هناك 34108 طالبًا يشارك في اختبار إجادة اللغة الصينية HSK في اليابان، في عام 2019م، فعلى سبيل المثال، نجد أن اختبار إجادة اللغة الصينية خلال الجولة الثانية الذي أجراه معهد كونفوشيوس في جامعة كانساي للدراسات الأجنبية في اليابان في يوم 13 يوليو لعام 2019م، قد سجل 884 طالبًا للاختبار، في حين أنه في النهاية قد أجرى 867 طالبًا الاختبار. مما يعني أن تعداد الطلاب المسجلين للاختبار وتعداد الطلاب الذين دخلوا الاختبار فعليًا يعد رقمًا قياسيًا ومرتفعًا وإعجازًا تاريخيًا.

ثانيا: أحوال وقضايا تعليم اللغة الصينية في دول متعددة دولتي ـــ تايلاند وكوريا الجنوبية نموذجًا

1. تعليم اللغة الصينية في تايلاند ودوليًا

لقد تم إدراج اللغة الصينية في نظام التعليم الوطني التايلاندي منذ وقت مبكر، وأصبحت اللغة الصينية ثانية أشهر لغة أجنبية في تايلاند. حيث يوجد بها 16 معهدًا كونفوشيوسيا و20 فصلًا دراسيًا كونفوشيوسيا في تايلاند، حيث يقوم أكثر من 17000 مدرس صيني متطوع بالتدريس في أكثر من 1000 جامعة وكلية ومدرسة ابتدائية وإعدادية في 73 مقاطعة في دولة تايلاند. في عام 2019م، قد واصل تعليم اللغة الصينية في تايلاند في الحفاظ على زخم التطور السريع، حيث كان هناك 3500 مدرسة تقدم دورات في اللغة الصينية، ويوجد بها 6500 مدرس محلي وأجنبي لتدريس اللغة الصينية، ولقد بلغ عدد الطلاب الذين يدرسون اللغة الصينية في مدارس تايلاند 890000 طالب.

وفي عام 2019م قد اتسم تعليم اللغة الصينية في تايلاند ودوليًا بالسمات البارزة الآتية:

(1) الطلب والحاجة إلى "اللغة الصينية + المهنة" أقوى وأكثر غزارة

لقد أدى تدشين مبادرة "الحزام والطريق"، وخطة الممر الاقتصادي لتايلاند، والسكك الحديدية عالية السرعة بين الصين وتايلاند والتي هي قيد الإنشاء إلى توسيع قنوات وفرص التوظيف للشباب في تايلاند. ويأمل كثير من الشباب، وخاصة طلاب المدارس المهنية، في تعلم شيء من المهارات المهنية وأن يتمكنوا في ذات الوقت من دراسة اللغة الصينية، مما أدى أيضًا إلى اشتعال سوق تعليم "اللغة الصينية + المهنة". ومن أجل تلبية متطلبات السوق، قامت لجنة التعليم المهني التايلاندية بتحرير وتأليف الكتاب المدرسي المحلي وأسمته «التواصل باللغة الصينية». بالإضافة إلى ذلك، تم بين الصين وتايلاند تدريبات مشتركة مثلا في أغسطس من عام 2019م، شارك 69 طالبًا تايلانديًا في مشروع التعليم المهني التايلاندي في إطار منحة الحكومة بلدية تيانجين في جامعة تيانجين العادية، والمشروع تنتمي إلى برنامج النخبة التعليمي المهني للطلاب التايلانديين في مجال اللغة الصينية، وتم الطلاب جميع الدروس.

(2) وصول تعداد طلاب اختبار HSK إلى مستوى عالٍ حديثًا

لقد أحدث اختبار إجادة اللغة الصينية HSK تأثيرًا للعلامة التجارية الدراسية في تايلاند، ووصل عدد

الطلاب الذين يجرون اختبار HSK والملتحقين به إلى مستويات عالية ومرتفعة حديثًا، ولقد تجاوز عددهم أكثر من 100000 طالب ممتحن للمرة الواحدة. وفي 27 أبريل من عام 2019م، قد تم انعقاد مؤتمر العمل التجريبي الصيني التايلاندي لعام 2019م في بانكوك، ولقد حضر اجتماع المؤتمر أكثر من 50 مديرًا وقائدًا للإشراف على اختبار إجادة اللغة الصينية HSK من 23 معهدًا لكونفوشيوس (للفصول الدراسية) ومراكز ذات الاختبار في تايلاند. في عام 2019م، تبين أن اختبار إجادة اللغة الصينية HSK لمعهد كونفوشيوس في فوكيت قد تجاوز عدد المشاركين فيه 10000 طالب لأول مرة، ووصل عدد المشاركين فيه إلى 10185 طالبًا ممتحنًا للمرة الواحدة. وفي عام 2019م، نظم معهد كونفوشيوس في تشينغ ماي 92 مرة لاختبار إجادة اللغة الصينية HSK في 23 مركزًا تعليميًا، وقد بلغ عدد المتقدمين للاختبار 10059 طالبًا ممتحنًا، ووصل تعداد الطلاب الملتحقين الجدد بالفصول الدراسية بتشونغهوا التابع لمعهد كونفوشيوس إلى مستوى قياسي وكان عددهم في هذه المرة 2021 طالبًا ممتحنًا، وقد كان حدثًا قياسيا تاريخيًا للمرة الثانية. يشتمل اختبار إجادة اللغة الصينية HSK الذي يجريه معهد كونفوشيوس في تشينغ ماي بشكل أساسي على ثلاثة أنواع، هي: HSK وYCT وHSKK. وكانت أعمار الممتحنين من الأطفال وكبار السن والمراحل العمرية كافة.

(3) إعداد كوادر هيئة التدريس حظي باهتمام منقطع النظير وغير مسبوق

في المقام الأول، كان يتم اختيار المعلمين المتطوعين من داخل دولة الصين، فاعتبارًا من عام 2019م، قد أوفدت الصين ما مجموعه 17169 مدرسًا متطوعًا لتعليم اللغة الصينية إلى دولة تايلاند، وكان عدد المدرسين يغطي 73 جامعة ومدرسة إعدادية وابتدائية.

وفي المقام الثاني قد تم تعزيز تأهيل وتدريب المعلمين المحليين للغة الصينية وذلك من خلال إيفاد معلمي اللغة الصينية المحليين التايلانديين إلى الصين للدراسة والتدريب والمشاركة في برنامج تدريب وتأهيل المعلمين المحليين التايلانديين للغة الصينية لزيادة تعزيز قدرات التدريب والتأهيل لمعلمي اللغة الصينية المحليين في تايلاند. وقد أقيم برنامج تدريب معلمي اللغة الصينية المحليين التايلانديين التابع لمكتب بانكوك التعليمي في جامعة تيانجين للمعلمين في شهر أبريل في الصين، وقد شارك في التدريب حوالي 20 مدرسًا محليًا للغة الصينية من تايلاند، وفي الشهر نفسه سافر 18 معلمًا من كلية التعليم المهني الزراعي بشمال تايلاند إلى كلية شان سي المهنية والتقنية للطاقة من أجل المشاركة في التأهيل لتعلم اللغة والثقافة الصينية لمدة أسبوع في تايلاند، وفي الفترة من 18 إلى 19 يناير عقد معهد كونفوشيوس بجامعة إي سان

تسانغ بتايلاند تدريبًا لمعلمي اللغة الصينية المحليين التايلانديين لعام 2019م، وقد شارك إجمالي 53 مدرسًا محليًا للغة الصينية من 41 مؤسسة تعليمية. وفي الفترة من 25 مارس حتى 3 أبريل، نظمت لجنة التعليم المهني التابعة لوزارة التعليم في تايلاند فصلًا تدريبيًا في اللغة الصينية لمعلمي لجنة التعليم المهني التايلاندية لعام 2019م. وقد شارك 74 معلمًا من لجنة التعليم المهني من 44 مقاطعة في تايلاند في ذات التدريب. وفي الفترة من 12 إلى 13 ديسمبر، عقد معهد كونفوشيوس في جامعة تشينغ ماي في تايلاند دورة باسم "تدريب معلمي اللغة الصينية المحليين في شمال تايلاند وندوة التعليم الصينية الدولية في جنوب شرق آسيا لعام 2019م (محطة تشينغ ماي)"، وقد شارك فيها ما يقرب من 100 مدرس محلي للغة الصينية من 10 مقاطعات من شمال تايلاند وبانكوك.

2. تعليم اللغة الصينية دوليًا في كوريا الجنوبية

بالنظر إلى التبادلات الاقتصادية والتجارية المستمرة المتواصلة بين الصين وكوريا الجنوبية، نجد أن كثيرا من الشركات في كوريا الجنوبية قد أولت مزيدًا من الاهتمام بقدرة إجادة المتقدمين للغة الصينية عند التوظيف. وقد استمر معدل تعلم اللغة الصينية في كوريا الجنوبية في الارتفاع خلال عام 2019م. ووفقًا للإحصاءات غير الكلية (الجزئية) يوجد من بين سكان كوريا الجنوبية البالغ عددهم 50 مليونًا أكثر من 10.6 مليون شخص يتعلمون اللغة الصينية والرموز الصينية؛ لتحتل كوريا الجنوبية بهذا الرقم المرتبة الأولى عالميًا في تعليم اللغة الصينية. في عام 2019م، كان هناك 23 معهدًا كونفوشيوسا و5 فصول دراسية بكونفوشيوس في كوريا الجنوبية. ووفقًا للبيانات الصادرة عن مكتب الإحصاء لكوريا الجنوبية، نجد أنه قد ارتفع عدد الأشخاص الذين تعلموا اللغة الصينية عبر القنوات المختلفة في عام 2019م بنسبة 16.2٪ مقارنة بعام 2018م. بينما في عام 2018م، قد تجاوز حجم السوق المالي لتعليم اللغة الصينية في كوريا الجنوبية 700 مليار كوري (حوالي 4 مليارات يوان).

في عام 2019م، لا يزال تعليم اللغة الصينية في كوريا الجنوبية يركز على تعلم تخصصات اللغة الصينية وبرنامج "اللغة الصينية + التخصص". ومما تجدر الإشارة إليه بشكل خاص هو أن كوريا الجنوبية قد أولت أهمية كبيرة لتعميم الكتب المدرسية للغة الصينية، وقد قامت بتحرير ونشر العديد من المناهج الدراسية للغة الصينية للمتعلمين. وتمثل كل من المناهج الدراسية للغة الصينية الصادرة في الصين والكتب

الدراسية للغة الصينية التي كتبها الكوريون الجنوبيون نصف البلاد حتى الآن. وقد تزايدت حصة مبيعات المناهج الدراسية للغة الصينية عاما بعد عام، حيث يوجد أكثر من 180 نوعًا من المناهج التعليمية الصينية. وعلى الرغم من ذلك، يفضل المتعلمون الكوريون الجنوبيون المناهج التعليمية المحلية، ولا يزال كتاب اللغة الصينية الشفهية السريعة بعنوان «المذاق اللذيذ في اللغة الصينية» والذي قام بتحريره معهد JRC للغة الصينية في كوريا الجنوبية هو الأكثر مبيعًا في عام 2019م.

بالإضافة إلى ذلك، إن عدد الممتحنين الذين يجرون اختبار HSK قد سجل باستمرار أرقامًا قياسية حديثًا، وعلى وجه الخصوص، نجد أنه قد تزايد عدد الممتحنين الذين يجرون اختبار HSK سنويًا بمعدل حوالي 200 طالب في السنوات الأخيرة. في عام 2019م، قد أجرى أكثر من 100000 طالب ممتحن لاختبار HSK؛ لتحتل كوريا الجنوبية المرتبة الأولى في إجراء اختبار إجادة اللغة الصينية عالميًا.

ثالثا: الأفكار التعليمية التطويرية

في عام 2019م، استمر انتشار "شغف تعليم اللغة الصينية" في آسيا، وقد حقق مجال تعليم اللغة الصينية دوليًا نتائج مرضية من حيث التخطيط وسن السياسات وإجراء اختبارات التدريس. وأما عن التطلعات المستقبلية، فنعتقد أنها كالآتي:

1. ستواصل عدد من البلدان العمل على إدراج برنامج اللغة الصينية في نظام التعليم الوطني باطراد.

2. سيظل الطلب على تعليم اللغة الصينية في البلدان الآسيوية أكثر تنوعًا والتمايز أكثر بروزًا، حيث تم إطلاق عصر "اللغة الصينية +" بصورة متكاملة. وسيزداد الطلب على برنامج تعليم "اللغة الصينية + المهنة" خاصة في البلدان الواقعة على طول مبادرة "الحزام والطريق".

3. سيظل حل مشكلة المعلمين يسير على قدم وساق مستقبلًا، بمعنى أنه يتم استقدام المعلمين المحليين من قبل الصين وتدريبهم في البلد المضيف.

4. على الرغم من أن الامتداد الثقافي في آسيا أصغر منه في الغرب، إلا أن إعداد الكتب والمناهج المدرسية لا يزالان يمثلان اتجاهًا مهمًا لتحرير كتب تعليم اللغة الصينية دوليًا، وأفضل طريقة ووسيلة هي التأليف والإعداد المشترك للمواد الصينية والأجنبية.

5. تمشيًا مع ظهور عصر الذكاء الاصطناعي ونضج تكنولوجيا الإنترنت، سيكون أسلوب وطرق التدريس أكثر مرونة وتنوعًا، وسيصبح أسلوب التدريس عبر الإنترنت، وأسلوب التعليم المختلط الهجين عبر الإنترنت، وأسلوب التدريس التقليدي هي الأساليب السائدة. وبالتالي، فإن معايير التدريس المنهجية، وآليات التدريس وما إلى ذلك بحاجة إلى التحسين العاجل.

(المؤلف: قوه فنغ لان، جامعة اللغات والثقافة ببكين)

تقرير حول تطوير إدراج اللغة الصينية في نظام التعليم الوطني الأوروبي ــ المملكة المتحدة نموذجًا

كانت المملكة المتحدة واحدة من أوائل دول أوروبا الغربية التي أدرجت اللغة الصينية في نظام التعليم الوطني. حيث يتألف نظام التعليم البريطاني من أربع مناطق وهي: إنجلترا، واسكتلندا، وويلز، وأيرلندا الشمالية. وعلى الرغم من وجود أنشطة تعليمية للغة الصينية في المدارس الابتدائية في المنطقتين الأخيرتين (وويلز وأيرلندا الشمالية)، إلا أن عدد الدارسين ليس بالكثير، ولا يوجد امتحان مستقل ذو مستوى أولي أو متوسط أو رفيع في اللغة الصينية، ولذا، سوف يتناول هذا التقرير منطقتين فقط هما إنجلترا واسكتلندا.

يمكن تقسيم تطوير إدراج اللغة الصينية في المملكة المتحدة ضمن نظام التعليم الوطني إلى ثلاث مراحل. المرحلة الأولى هي: الوفاق الدبلوماسي، مما يعني أن اللغة الصينية معترف بها من قبل نظام التعليم الوطني بالمملكة المتحدة، فمن المنظور الدبلوماسي نجد أن تدريسها كلغة أجنبية وموضوع الامتحان أصبح من التعليم الأساسي بها، أما المرحلة الثانية فهي: الإدراج النظامي، والتي تشير إلى التأسيس الشامل لنظام تدريس اللغة الصينية، بما في ذلك المناهج الدراسية، وتأهيل المعلمين، وتطوير المناهج الدرسية وغيرها؛ لتحقيق المكانة نفسها كمكانة اللغات الأجنبية الأخرى، وأما المرحلة الثالثة فهي: التكامل الجذري، التي تشير إلى توسيع نطاق تدريس اللغة الصينية وتعلمها، وأما تدريسها وعدد الطلاب في الاختبارات ونتائجها وما إلى ذلك من الجوانب الأخرى فتعدّ هي الأفضل من الدرجة الأولى من بين مواد تعليم اللغات الأجنبية الأخرى.

أولا: سياسات تدريس اللغات الأجنبية وتعليم اللغة الصينية

على الرغم من أن اللغة الصينية في بريطانيا لها تاريخ جيد خلال المرحلتين الإعدادية والثانوية، إلا أنها كانت موجودة في شكل لغة مجتمعية لفترات طويلة، ويوجد عدد قليل جدًا من المدارس الرئيسة التي تقدم دورات ومناهج في اللغة الصينية. أما الملتحقون باختبار إجادة اللغة الصينية هم في الأساس أطفال من أصل صيني، ومعظمهم يحضرون الدروس في مدارس الجالية الصينية في عطلة نهاية الأسبوع. في عام 2002م، أصدرت الحكومة البريطانية «استراتيجية الحياة الوطنية للغات الأجنبية في إنجلترا»، والتي قررت توفير تعليم اللغة الأجنبية بداية من المرحلة الابتدائية، وإلغاء شرط امتحان مادة اللغة الأجنبية أثناء التخرج للمرحلة الإعدادية (عمر 16 سنة)، وتوسيع نطاق تعليم اللغات الأجنبية الحديثة (والتي كانت مقصورة سابقًا على اللغات الأوروبية فقط، وحينذاك تم إدراج اللغة الصينية في قائمة اللغات الأجنبية)، على أن يتم اختيار اللغة الأجنبية من قبل المدْرسة حسب الحاجة والطلب (وهناك 17 لغة لامتحان المرحلة الإعدادية بإنجلترا، ويوجد باسكتلندا تسع لغات للامتحان نفسه). تنص لائحة المناهج بإنجلترا الصادرة عام 2014م بوضوح على أنه خلال المراحل الأربع للتعليم الأساسي، يُطلب من المدارس فقط توفير تعليم اللغة الأجنبية للمرحلة الثانية (من عمر 7 سنوات إلى 11 سنة) والمرحلة الثالثة (من عمر 11 سنة إلى 14 سنة). تم تطوير تعليم اللغة الصينية في نظام التعليم الوطني البريطاني تدريجيًا، وتم تعميق إدراجها في تلك السياسة التعليمية. وأثناء هذه الفترة، تم تعزيز التبادلات والتعاون بين الحكومتين الصينية والبريطانية في هذا الصدد بشكل مستمر، على وجه الخصوص، لعبت التبادلات المتواصلة والتعاون في مجال تعليم اللغات دورًا رياديًا في تعزيز وترسيخ التنمية والتكامل.

إن تطوير تعليم اللغة الصينية في المدارس الابتدائية الحكومية بانجلترا لَيرتبط في الغالب بفصول كونفوشيوس، وتباطأت وتيرتها في السنوات الأخيرة. وقد أوضح «تقرير استبيان حول اتجاهات اللغات الأجنبية في إنجلترا»، أنه لا يزال الغالبية العظمى من المدارس الابتدائية تدرس اللغة الفرنسية وغيرها من اللغات الأوروبية، وتبيّن أن أقل من 3٪ من المدارس الابتدائية تقوم بتدريس اللغة الصينية، فكان الوضع

متماثلًا مع السنوات القليلة الماضية ومشابهًا لها تمامًا. فهناك مدرسة ابتدائية خاصة ثنائية اللغة تأسست في لندن عام 2017م وكانت مصاريف الدراسة بها باهظة للغاية، وقد شهدت زيادة في عدد الطلاب المسجلين والملتحقين بها في العامين الماضيين. فلقد زاد العدد بها من بضعة طلاب في البداية إلى عشرات الطلاب في عام 2019م، مما يُظهر متطلبات السوق المحددة والقدرات المحتملة مستقبلًا.

إن تطور تعليم اللغة الصينية في المدارس الإعدادية البريطانية يمضي بسرعة نسبيًا. وفي عام 2016م، أقامت حوالي 40٪ من المدارس الإعدادية الخاصة و13٪ من المدارس الإعدادية العامة دورات في اللغة الصينية. في العام نفسه، قامت وزارة التعليم البريطانية باستثمار 10 ملايين جنيه إسترليني لتأسيس «برنامج الماندرين المتميز» (Mandarin Excellence Program) الذي يمتد لخمس سنوات، وقد أسهم بدورٍ كبيرٍ في تعزيز تعليم اللغة الصينية في المدارس العامة في السنوات الأخيرة. ومع ذلك، يمكن وصف تطور تعليم اللغة الصينية في المدارس الإعدادية في عام 2019م بأنه يتقاسمه أمران الفرح والحزن. فأما الأمر الباعث على الفرح فيتمثل في أن عدد المدارس التي تؤسِّس لتعليم اللغة الصينية وعدد الطلاب قد زاد على حد سواء. حيث بلغ عدد المدارس المشاركة في برنامج التقوية والتأهيل إلى 76 مدرسة، وتجاوز عدد الطلاب المسجلين الذين يدرسون اللغة الصينية العدد المستهدف الذي حدده البرنامج وبلغ 5000 طالبٍ في المرحلة الإعدادية. وأما الأمر المثير للقلق هو أن عدد الأشخاص الذين شاركوا في امتحانات اللغة الصينية من قبل المدارس الإعدادية والثانوية في إنجلترا قد انخفض بشكل كبير وحاد (انظر الشكل 1 التالي)، وكان الانخفاض بنسبة 28٪ و32٪ على التوالي. ولقد تجاوز امتحان مستوى اللغة الصينية للمدرسة الثانوية المرتبة الثالثة لامتحان اللغة الألمانية في العام السابق، ومن ثم حقق تراجعًا فادحًا.

وبدأ تعليم اللغة الصينية في اسكتلندا متأخرًا نسبيًا، حيث بدأت المدارس الإعدادية والثانوية تجري امتحانات اللغة الصينية في عامي 2008م و2010م على التوالي. في السنوات القليلة الماضية، هناك تذبذب في عدد المشاركين في امتحان التخرج بالمدرسة الإعدادية؛ وبرغم أن أعداد طلاب المدرسة الثانوية كانت في اتجاه تصاعدي، لكن أعداد الطلاب بها لا تزال صغيرة.

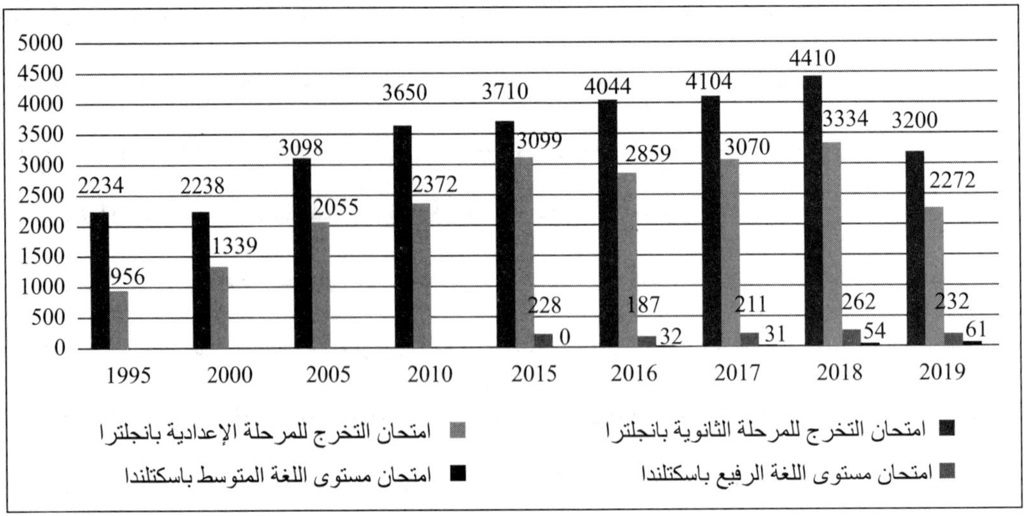

الشكل 1: يوضح نسبة عدد الطلاب المشاركين في امتحان التخرج في اللغة الصينية للمرحلتين الإعدادية والثانوية في المملكة المتحدة

ثانيا: مناهج امتحان اللغة وامتحان التخرج للمرحلة الإعدادية أو الثانوية

تعدّ مناهج امتحانات مواد اللغة الصينية جزءًا مهمًا من الإدراج المؤسسي التابع لنظام التعليم الوطني. ولقد تم إدخال تعديلات على مناهج اللغة الصينية في إنجلترا عدة مرات حتى الآن. وقد كان أول إصدار بلغة الجالية الصينية بعنوان "تصميم حسب الطلب" للأطفال الصينيين. وقد أسفرت التغييرات وإجراء التعديلات حول سياسة تدريس اللغات في هذا القرن إلى طرح وتوفير إصدارات حديثة بعنوان "نصوص بسيطة وسهلة الفهم" لدارسي اللغات والخلفيات الثقافية للغات الأخرى. في عام 2017م، كانت هناك نسخ معدلة جديدة، وكان عام 2019م هو العام الأول لتنفيذ امتحان المناهج الدراسية المعدلة. وكان رد فعل العديد من المعلمين والطلاب أن النسخة المعدلة جاءت أكثر تعقيدًا من المناهج الأصلية السابقة، كما أن درجة صعوبة مناهج لجنة الاختبارات المختلفة جاءت متباينة أيضًا.

قد تكون هناك ثلاثة أسباب رئيسة لانخفاض عدد الطلاب الذين يلتحقون بامتحان اللغة الصينية في عام 2019م. أولًا: التأثر بمناهج الاختبارات الجديدة. حيث أُظهرت بيانات امتحان اللغة الأجنبية في المدرسة الثانوية، أنه بالنسبة للغات ذات مناهج الاختبار الجديدة الحديثة، مثل اللغة الصينية والروسية والإيطالية وغيرها،

قد انخفض معدل عدد الطلاب الملتحقين بها بحوالي 29٪. وقد اتضح أن هناك أيضًا زيادة وانخفاضا كبيرين في عدد الطلاب الملتحقين بامتحان اللغة الصينية في المدارس الإعدادية من قبل لجان الامتحانات المختلفة. انخفض عدد الطلاب الممتحنين الخاص بلجنة امتحانات التأهيل والتدريب إلى النصف مقارنةً بعام 2018م، حيث انخفض من 3733 طالبًا ممتحنا إلى 1684 طالبًا ممتحنًا، في حين أنه تضاعف العدد الخاص باتحاد تقييم المؤهلات والاعتماد في المملكة المتحدة من 710 إلى 1556. ثانيًا: المنافسة مع اللغات الأخرى. فنجد أن هناك ساعات دراسية معتمدة لمواد اللغات الأجنبية في المدارس الإعدادية أو الثانوية، وبعد زيادة عدد اللغات، كانت العلاقة في الأساس بينهم علاقة زيادة ونقصان. وفي عام 2019م، كانت هناك زيادة إجمالية في "اللغات الأجنبية الحديثة الأخرى" في المدارس الإعدادية أو الثانوية بشكل عام باستثناء اللغة الفرنسية والألمانية والإسبانية، وعلى وجه الخصوص، نجد أن أعداد الطلاب الممتحنين للغات الجاليات المتعلقة بخلفيات الطلاب، مثل: اللغة البولندية واللغة العربية، قد شهدت زيادة ملحوظة نسبيًا. وقد اتضح ذلك بجلاء وبصورة فريدة خلال امتحان التخرج للمرحلة الثانوية. وأخيرًا، ونظرًا لصغر سن الطلاب المشاركين في برنامج التأهيل والتقوية في اللغة الصينية نسبيًا، نجد أنهم لم يشاركوا بعد في امتحان التخرج الخاص باللغة الصينية للمرحلة الإعدادية في عام 2019م، ولكن قد شارك أكثر من 3000 طالب في اختبارات التقييم لبرنامج الصف السابع حتى الصف التاسع، وسوف يلتحقون تدريجيًا بامتحان التخرج للمرحلة الإعدادية في السنوات القليلة القادمة. ولكن على الرغم من ذلك، لا تزال هناك فجوة كبيرة بين عدد الطلاب المشاركين في امتحانات اللغة الصينية واللغات الأوروبية الرئيسة الثلاثة للمرحلة الإعدادية. وعلى سبيل المثال، معدل تعلم اللغة الصينية فقط يمثل واحدا على أربعين 1/40 من معدل تعلم الفرنسية، وبالتالي من الصعب تغيير هذا الوضع في فترة قصيرة من الزمن.

على الرغم من أن مناهج الامتحان المعدلة تمثل تحديًا وعائقًا، إلا أن معدل أداء الممتحنين الذين شاركوا في الاختبارين لا يزال مرضيًا وجيدًا. فعلى سبيل المثال، نجد أنه قد حصل ما يقرب من 70٪ من الطلاب المشاركين في امتحان اللغة الصينية للمرحلة الإعدادية الذي أعدته لجنة امتحانات طلاب التأهيل على درجات A* وA. في المقابل، حصل امتحان اللغة الفرنسية على أقل من 13٪ من درجات A* وA. وقد أظهرت نتائج امتحان التخرج للمرحلة الثانوية لعام 2019م، أن معدل الطلاب الحاصلين على درجات A* وA قد بلغ 25.5٪ من المعدل الإجمالي، أي أنه أقل بنسبة 1٪ تقريبًا عن عام 2018م. ومع ذلك، فإن ما يقرب من 36٪ من امتحانات اللغة الصينية للمرحلة الثانوية التي أعدتها لجنة امتحانات طلاب التأهيل قد حققت

هذه النتائج، حيث كان معدلها أعلى بعشر نقاط مئوية من متوسط الدرجات، وهي في الأساس درجات اللغات الأوروبية الثلاث الرئيسة نفسها، وأن درجات اختبارات اللغة الصينية في اسكتلندا ارتفعت بشكل ملحوظ على اللغات الأخرى. ومع ذلك، هناك أيضًا تقارير وتحليلات تشير إلى وجود عدد ليس بالقليل من الطلاب المشاركين في الامتحانات هم في الأصل صينيون، بما في ذلك الطلاب الأجانب.

ثالثا: تدريب وتأهيل المعلمين، وتأليف وإعداد مناهج الدراسة

يعدّ تدريب وتأهيل أساتذة اللغة الصينية، وتأليف وإعداد المناهج الدراسية في اللغة الصينية روابط مهمة والتي تم إدارجها ضمن نظام التعليم الوطني. إن برنامج تدريب وتأهيل ألف مدرس موهوب ودورات تعليمية للحصول على شهادة مدرس في اللغة الصينية للمرحلة الإعدادية أو الثانوية التي ظهرت تباعا (Secondary Post Graduate Certificate in Education) في عام 2010م كانت بمثابة بداية إنشاء آلية تدريب وتأهيل لمعلمي اللغة الصينية. وعلى الرغم من أن فارق التطور في السنوات الأخيرة كان متفاوتاً متباينًا، إلا أنه قد حقق تقدمًا ثابتًا راسخًا في عام 2019م. وقد كان برنامج التدريب والتأهيل للغة الصينية يهدف إلى تدريب وتأهيل 100 مدرس لغة صينية مؤهَّلٍ، وقد التحق بكلية التربية بجامعة لندن وحدها أكثر من 20 طالبًا. وعلاوة على ذلك، فنجد أن جامعة أكسفورد، وجامعة مانشستر متروبوليتان، وجامعة بورتسموث، وجامعة كينغ سميث، وجامعة بولتون وجامعات أخرى لديها الحصول أيضًا على شهادة مدرس في اللغة الصينية بمفردها أو بالاشتراك مع اللغات الأجنبية الحديثة الأخرى للمرحلة الإعدادية أو الثانوية، وتقوم بعض الجامعات خلال برنامج تدريب وتأهيل المعلمين بإدراج اللغة الصينية مع لغتهم الخاصة (غير اللغة الأجنبية السائدة). ولكن، مازال عدد الطلاب المحليين في هذه الدورات قليلا نسبيًا، وهو مرتبط أيضًا بعوامل مثل متطلبات القبول وفرص العمل وما إلى غير ذلك. وبسبب هذا أيضًا، لم تعد بعض الجامعات (مثل جامعة تشيشان... إلخ) تقبل تسجيل الطلاب. وقد حصلت اسكتلندا على برنامج تدريب وتأهيل مدرسي اللغة الصينية بتمويل من الحكومة منذ عام 2007م. وفي الوقت الراهن، تقدم جامعات أبردين وإدنبرة وستراثكلايد دورات تعليمية للحصول على شهادة دبلومة مدرس في اللغة الصينية للمرحلة الإعدادية أو الثانوية.

طورت لجان الامتحانات امتحانات اللغة الصينية في إنجلترا وأعدت مناهج دراسية خاصة بها للمرحلة

الإعدادية. مثل سلسلة مناهج دراسية بعنوان «التقدم» و«اللغة الصينية للمرحلة الإعدادية» لطلاب التأهيل والتدريب (Edexcel Chinese GCSE)، وسلسلتي مناهج دراسية صادرة عن الاتحاد بعنوان «اللغة الصينية للمرحلة الإعدادية» (AQA GCSE Chinese) وغيرها. في حين أنه لا تتوافر مناهج دراسية مستقلة لاختبار اللغة الصينية للمرحلة الثانوية، ولكن، نجد أن هناك مواد تعليمية مساعدة طورها مدرسو اللغة الصينية ونُشرت محليًا في إنجلترا سنويا. وقد تم نشر وطباعة ما يقرب من 10 أنواع من المواد الدراسية وأُصدرت بعنوان «اللغة الصينية للصف الأول الثانوي» (Chinese for AS) في عام 2019م فقط. أما اسكتلندا فلم تقم بعد بتطوير مناهجها الدراسية للغة الصينية بطريقة منظمة أومنهجية نسبيًا.

فانطلاقًا من منظور إدراج اللغة الصينية في نظام التعليم الوطني، نجد أنه لا يزال هناك نقص حاد بالنسبة لمناهج اللغة الصينية للمرحلة الإعدادية في المملكة المتحدة، وبدأت مناهج المدرسة الثانوية في الدخول إلى المرحلة الثالثة من إعدادها. إن تطوير مناهج تعليم اللغة الصينية في عام 2019م له مكاسب وخسائر في آن واحد، ولكنه يبدو مستقرًا بصورة أساسية. ولقد نتج عن التقدم السلس لبرنامج اللغة الصينية للتدريب والتأهيل إلى تعزيز مكانة اللغة الصينية في نظام تعليم اللغات الأجنبية. وعلاوة على تراكم الخبرات في تدريس اللغة الصينية وتحسين جودة التدريس على مر السنين، نجد أنه سيستفيد كثير من الطلاب من ذلك وسيواصلون دراستهم وتعلمهم للغة الصينية، وبالتالي، من المرجح غالبًا أن يرتفع عدد المشاركين في اختبارَيْ التخرج مرة أخرى في السنوات القليلة المقبلة.

في عام 2019م، كان هناك أكثر من 300 مدرسٍ للغة الصينية تم إرسالهم من جمهورية الصين الشعبية إلى المملكة المتحدة من قِبَلِ معهد كونفوشيوس وبرنامج تدريس اللغة الصينية التابع للمجلس البريطاني. وهناك أيضًا مئات من معلمي اللغة الصينية المتطوعين والمعلمين الصينين الجنسية الذين يقومون بالتدريس في المدارس الابتدائية والإعدادية أو الثانوية في المملكة المتحدة من خلال قنوات تعليمية أخرى (مثل برامج التبادل التعليمي الإقليمي، إلخ...)، وتمثل عدد معاهد كونفوشيوس وفصول كونفوشيوس في المملكة المتحدة المرتبة الأولى في أوروبا، فالمدارس الحكومية تعتمد بشكل كبير على هذه البرامج في تدريس اللغة الصينية بسبب عدم كفاية التمويل.

(المؤلفان: تشانغ شين شنغ، الجامعة الأمريكية الدولية في لندن؛ لي مينغ فانغ، جامعة ريجنت لندن)

تقرير حول تطوير تعليم اللغة الصينية في الأمريكتين — الولايات المتحدة نموذجًا

تتمتع كقوة عالمية بعلاقات وثيقة وتبادلات وتعاون مكثف مع الصين في مختلف المجالات مثل الثقافة والتعليم والتكنولوجيا، لذا، يعد تعليم اللغة الصينية في الولايات المتحدة جزءًا لا غنى عنه من تعليم اللغة الصينية في العالم. سيتم تقسيم هذا التقرير إلى سبعة أجزاء لتقديم وتحليل تعليم اللغة الصينية في الولايات المتحدة الأمريكية والذي سأتناول فيه ما يأتي: أولًا: نوعية تعليم اللغة الصينية في الولايات المتحدة. ثانيًا: تذبذب عدد الطلاب الصينيين في الجامعات الأمريكية. ثالثًا: وضع معاهد كونفوشيوس في الولايات المتحدة. رابعًا: وضع تعليم اللغة الصينية في الجامعات الأمريكية. خامسًا: اختيار الكتب والمناهج لتدريس اللغة الصينية. سادسًا: معايير اختبار إتقان اللغة الصينية الأجنبية. سابعًا: بيان حول المنظمات الرئيسة لتدريس اللغة الصينية في الولايات المتحدة. وسيستخدم المؤلف الأرقام الإحصائية والرسومات البيانية والأمثلة لمساعدة القراء على فهم وضع تعليم اللغة الصينية في الولايات المتحدة وتوفير أُسُس تدريس وتعليم اللغة الصينية حول العالم.

أولا: أنواع تعليم اللغة الصينية في الولايات المتحدة

هناك الكثير من أنواع تعليم اللغة الصينية في الولايات المتحدة، والتي يمكن تقسيمها تقريبًا إلى الأنواع الثلاثة الآتية: أولًا: تعليم اللغة الصينية في الجامعات الأمريكية. ثانيًا: تعليم اللغة الصينية في المدارس

الأمريكية في المرحلة الابتدائية والثانوية. ثالثًا: تعليم اللغة الصينية في مدارس اللغة الصينية بأمريكا. وهي تحظى بأهمية بالغة وفقًا للترتيب الآتي: يعد تعليم اللغة الصينية في الجامعات هو المهم، ويليه تعليم اللغة الصينية في المدارس الأمريكية في المرحلة الابتدائية والثانوية، وأخيرًا تعليم اللغة الصينية في مدارس اللغة الصينية بأمريكا. هذه الأنواع الثلاثة من التعليم لها كيانات تعليمية مختلفة من حيث طرق التدريس، وأغراض التدريس واستخدام المواد والمناهج التعليمية، وتأثيرات التدريس بالطبع مختلفة أيضًا.

1. تعليم اللغة الصينية في الجامعات الأمريكية

شترط العديد من الجامعات في الولايات المتحدة إتقان الطلاب لغة أجنبية قبل التخرج، وعادة ما يتطلب حصولهم على مستوى إجادة اللغة الأجنبية في نهاية السنة الثانية من الدورة التعليمية. ويتعين على الطلاب إجراء اختبار تحديد المستوى الذي تعقده المدرسة قبل بدء الفصل الدراسي. ويمكن إعفاء الطلاب الذين يستوفون المعايير المذكورة أعلاه من دراسات اللغة الأجنبية. فإذا كنت لا تستوفي المعيار المطلوب، فستحتاج إلى اختيار لغة أجنبية كلغة اختيارية. فمثلًا، إذا درس طالب جديد من صف معين اللغة الصينية لمدة أربع سنوات في المدرسة الثانوية قبل دخوله الجامعة، ودخل فصل اللغة الصينية والتحق بالصف الثاني بعد اختبار تحديد المستوى للغة الصينية بالجامعة، فإنه يحتاج إلى دراسة اللغة الصينية لمدة عام آخر على الأقل ولا يمكنه التخرج إلا بعد اجتياز الاختبار المقرر.

أكبر ميزة لتعليم اللغة الصينية في الجامعات الأمريكية هي المواد الاختيارية، وليست المقررات الإجبارية. وفصول اللغة الصينية ليست كبيرة بشكل عام، حيث تضم حوالي 15 طالبًا فقط. من أربعة إلى خمسة أيام في الأسبوع، ولكل يوم محاضرة مدتها 50 دقيقة. يستخدم المعلمون بشكل أساسي طرق التدريس المتعمقة، ويستخدم المعلمون والطلاب اللغة الصينية بشكل أساسي في الفصل. أثناء الدرس، يمارس الطلاب بشكل أساسي الاستماع والتحدث باللغة الصينية تحت إشراف المعلمين.

أما الميزة الأخرى لتعليم اللغة الصينية في الجامعات الأمريكية هي الفصل بين الطلاب الصينيين والأجانب، أي أن الطلاب الصينيين والطلاب غير الصينيين ينقسمون ويدرسون في فصول مختلفة. فمنذ نشأة الطلاب الصينيين وهم يتحدثون اللغة الصينية مع والديهم في المنزل، وكان الغرض الرئيس من دروس اللغة الصينية لهم هو تعلم القراءة والكتابة. إن سرعة إتقان الرموز الصينية ومستوى الكتابة لدى الطلاب الصينيين

يعدّ بشكل أساسي أعلى ضعفين من الطلاب غير الصينيين.

2. تعليم اللغة الصينية في المدارس الابتدائية والثانوية الأمريكية

يمكن لطلاب المدرسة اختيار منهج اللغة الأجنبية التي يجب عليهم الالتحاق بها، ولكن المدارس الابتدائية والثانوية ليس لديها هذا الخيار بشكل عام. حيث يتم تحديد الدرجة أو الفصل الدراسي للطالب من قبل المدرسة وفقًا لظروف المعلمين لتعلم اللغة الصينية أو اللغات الأجنبية الأخرى، مثل اللغة الإسبانية أو اللغة الفرنسية. وفي كل فصل من المدارس الابتدائية والثانوية يوجد حوالي 30 طالبًا. ونظرًا لأن الدورة التدريبية لا يتم اختيارها من قبل الشخص نفسه، فإن دافع الطالب للدراسة ليس قويًا جدًا، لذلك غالبًا ما تكون هناك مشكلات مثل عدم الانتباه وعدم الانضباط وفقدان الشغف بما يدرسه الطالب. ويتطلب من المعلمين الصينيين وضع المنهج الدراسي وفقًا للوضع الفعلي، وتعديل وتحسين طرق التدريس، وخفض درجة صعوبة مستوى الاختبار للحفاظ على حماس الطلاب لتعلم اللغة الصينية. أيضًا من السمات الرئيسة لطلاب المدارس الابتدائية والثانوية أنهم صغار نسبيًا ولديهم قابلية عالية لتعلم اللغة، وبوجه خاص تعلم النطق. فإذا قام المعلمون بتوجيههم بشكل صحيح، فسيكونون قادرين على تربية الطلاب ذوي الإمكانات العالية وتعليمهم المفردات القوية، وإرساء أساس لغوي متين لهم لتحسين كفاءتهم للغة الصينية في الجامعة في المستقبل. وفي ظل الظروف العادية، بعد دراسة اللغة الصينية لمدة أربع سنوات في المدرسة الإعدادية، يمكن قبول الطلاب في فصل اللغة الصينية في السنة الثانية من الجامعة.

3. تعليم اللغة الصينية في مدارس اللغة الصينية بأمريكا

هناك أربعة ملايين صيني في الولايات المتحدة حاليًا. ويأمل الكثير من الآباء الصينيين منهم أن يتمكن أطفالهم من إتقان اللغة الصينية والتعرف على الثقافة الصينية مثلهم. لذلك في نهاية كل أسبوع، يصطحب الآباء الصينيون أطفالهم إلى المدرسة الصينية القريبة لدراسة اللغة الصينية. وقد تتراوح أعمار طلاب المدارس الصينية عمومًا ما بين خمسة أعوام وحتى خمسة عشر عامًا، وهي الفترة التي يحبون فيها اللعب. فهم لا يذهبون في عطلات نهاية الأسبوع إلى المدرسة الصينية طواعية، بل والديهم طلبوا منهم الذهاب إلى هناك. لكن الأطفال الصينيين عمومًا أكثر طاعة، فهم يذهبون وقتما يصطحبهم آباؤهم؛

ويتعلمون حينما يطلب منهم معلمهم الصيني التعلم والدراسة. وبالطبع، فإن المدرسة والمعلمين يبذلون قصارى جهدهم لجعل دروس اللغة الصينية ممتعة وجذابة. ينظم مدرسو المدرسة الصينية ألعابًا باللغة الصينية في الفصل، وينظمون الطلاب لمشاهدة الأفلام والبرامج التلفزيونية الصينية، ويتعلمون غناء الأغاني الصينية، وينظمون مسابقات الخطب الصينية، ومسابقات المقال الأدبي، وممارسة فنون الدفاع عن النفس، وتعلم الشطرنج، وما إلى ذلك. ويبذل المعلمون قصارى جهدهم للسماح للأطفال بتعلم اللغة الصينية وفهم الثقافة الصينية عبر وسائل الترفيه والتسلية. وقد قامت دور النشر المحلية الكثيرة بتجميع المواد التعليمية للطلاب الصينيين وإنتاج العديد من الوسائل التعليمية ومواد الفيديو، والتي عززت بشكل كبير الأنشطة التعليمية للمدارس الصينية بأمريكا.

وبحلول فصل الصيف من كل عام، تقوم أيضًا بعض المدارس الصينية بتنظيم رحلات للطلاب ولأولياء الأمور للقيام بجولات وزيارات إلى الصين للبحث عن أصولهم وجذورهم. وقد قامت الإدارات المعنية في الصين بتقديم المساعدات الكبيرة العظيمة من أجل تحقيق هذه الغاية، حتى يتاح للأطفال الصينيين رؤية الأنهار والجبال العظيمة في بلدان أجدادهم، ويستشعرون الحب الدافئ لأقاربهم في الصين، ويزرعون بذور الحُب والمحبة للصين في قلوبهم منذ نعومة أظفارهم.

ثانيا: تاريخ تطور عملية تعليم اللغة الصينية في كليات القمة بالجامعات الأمريكية

كان عدد الطلاب الذين يدرسون اللغة الصينية في الولايات المتحدة في السنوات الأولى عددًا صغيرًا، ولم تكن هناك إحصائيات دقيقة للغاية. وقد بدأت الإحصاءات بالمعنى الدقيق للكلمة في عام 1960م، ومنذ ذلك الحين، أحصت «جمعية اللغات الحديثة» في الولايات المتحدة عدد الطلاب الذين درسوا اللغات الأجنبية في فصل الخريف بالكليات والجامعات الأمريكية كل ثلاث أو أربع سنوات. ووفقًا للأرقام التي قدمتها «جمعية اللغات الحديثة»، فقد تم حصر وتجميع الجدول الآتي كجدول مرجعي للقراء:

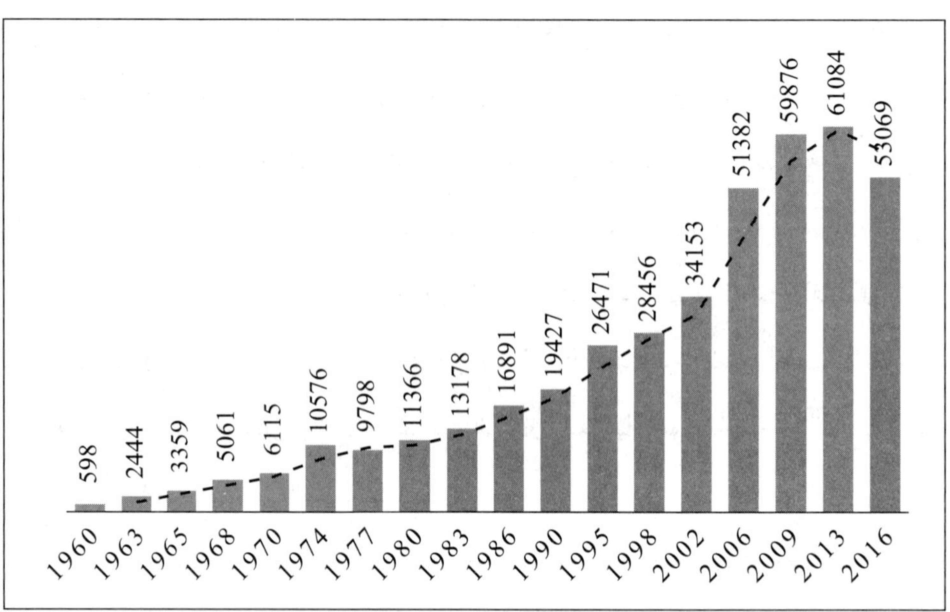

الشكل 1: عدد الطلاب المسجلين في اللغة الصينية الأجنبية في فصل الخريف بالكليات والجامعات الأمريكية من عام 1960م حتى عام 2016م

من خلال الجدول الموضح أعلاه، يمكن للقراء استنتاج اتجاه التغييرات المتصاعدة والمتباينة في أعداد الطلاب الصينيين في الولايات المتحدة. حيث زاد حجم وعدد دارسي اللغة الصينية في الولايات المتحدة من الأقل إلى الأكثر، ويمكن القول إن عملية تطويرها مرتبطة ارتباطًا وثيقًا بتطور العلاقة بين الصين والولايات المتحدة. ففي الستينيات من القرن الماضي، أصدرت الولايات المتحدة قانون تعليم الدفاع الوطني، الذي أدرج اللغة الصينية كواحدة من اللغات الرئيسة الحاسمة للأمن القومي، ودعت الجامعات المؤهلة لتقديم دورات في اللغة الصينية. وكان هناك أقل من 600 طالب في ذلك الوقت. إن دبلوماسية كرة الطاولة في عام 1971م، وزيارة نيكسون للصين في عام 1972م، وإقامة العلاقات الدبلوماسية بين الصين والولايات المتحدة في عام 1979م، كل ذلك عزز من حماس الشعب الأمريكي لتعلم اللغة الصينية، وازداد عدد دارسي اللغة الصينية بشكل ملحوظ. وبعد الثمانينيات من القرن العشرين، طبقت الصين سياسة الإصلاح والانفتاح، وذهب عدد كبير من الطلاب الصينيين إلى الولايات المتحدة للدراسة، وبقي كثير منهم في الولايات المتحدة كمدرسين صينيين بعد دراستهم، مما ساعد في ضخ دماء جديدة وحيوية متدفقة انصهرت في مجتمع تدريس اللغة الصينية في الولايات المتحدة. منذ ذلك الحين، أخذ عدد الطلاب الصينيين في الولايات المتحدة في الازدياد

السريع بسرعة، خاصة بعد انطلاق وتيرة الاقتصاد الصيني في القرن الجديد، وجد العديد والكثير من الطلاب الأمريكيين أن تعلم اللغة الصينية سيساعدهم في العثور على وظائف جيدة في مجالات مختلفة، لذلك شرع العديد من الطلاب في تعلم اللغة الصينية. وعلاوة على ذلك، فإن أكبر قوة دافعة لتعليم اللغة الصينية هي إنشاء معهد كونفوشيوس هناك. وقد قدم عدد كبير من المعلمين الصينيين من معهد كونفوشيوس إلى الولايات المتحدة لتدريس اللغة الصينية على نطاق أوسع من المدارس الابتدائية والثانوية والمجتمع، مما جعل عدد الطلاب الذين يتعلمون اللغة الصينية يصل إلى عدد غير مسبوق.

ومع ذلك، علينا أن نلاحظ أيضًا أن معدل زيادة عدد الأشخاص الذين يتعلمون اللغة الصينية قد بدأ في التباطؤ منذ عام 2009م حتى عام 2013م، وأظهر عدد الأشخاص الذين يتعلمون اللغة الصينية اتجاهًا هبوطيًا منذ عام 2013م حتى عام 2016م. ووفقًا للمعلومات التي نشرتها الجمعية الأمريكية للغات الحديثة، سيتم عمل إحصائي بأعداد الطلاب في خريف عام 2021م. ونظرًا لعدم القيام بعمل إحصائية بأعداد الطلاب الصينيين في الولايات المتحدة في عام 2021م، فلا يوجد لدينا استنتاج قاطع بشأن اتجاه عدد الطلاب في السنوات الأخيرة. ولأجل فهم ومواكبة آخر التطورات في هذا الخصوص، قام المؤلف باستقراء واستقصاء وضع الكليات والجامعات المختلفة مع زملائه من خلال مجموعة الويتشات في نهاية عام 2020م. من خلال تلخيص ومقارنة الملاحظات التي قدمها هؤلاء مع معلمي الخطوط الأمامية، قد توصل المؤلف إلى الاستنتاجات الآتية: لقد تباطأ الاتجاه التصاعدي والمتزايد لعدد الطلاب دارسي اللغة الصينية في مختلف الكليات والجامعات منذ عام 2010م، مما يشير إلى أن فترة الذروة لتزايد الأعداد قد انقضت حيث انخفض عدد الطلاب منذ عام 2013م، واستمر بعد الانخفاض في عام 2016م؛ واستقرت الأعداد بين عامي 2019م و 2020م، ولكن بالمقارنة مع فترة الذروة لتزايد الأعداد في عام 2010م، لا يزال عدد الطلاب دارسي اللغة الصينية منخفضًا بشكل كبير. إذا أخذنا جامعة نورث وسترن كمثال، فإن عدد الطلاب دارسي اللغة الصينية في خريف عام 2004م كان 195 طالبًا، ثم زادت الأعداد عامًا بعد عام، وقد بلغت أعداد الطلاب ذروتها وبلغت 368 طالبًا في عام 2011م. ومنذ ذلك الحين، تراجعت أعداد الطلاب على طول الطريق، وواصلت الانخفاض حتى القاع وبلغت 162 طالبًا في عام 2018م. وقد شرع أعداد الطلاب في الانتعاش في عام 2019م، حيث ارتفع إلى 180 طالبًا، وارتفع عدد الطلاب دارسي اللغة الصينية حتى بلغ 222 طالبًا في خريف عام 2020م.

إذًا ما هي العوامل التي تسببت في توقف عدد الطلاب دارسي اللغة الصينية في الولايات المتحدة عن الارتفاع أو حتى عن الانخفاض؟ فبعد إجراء الاستقصاء والاستقراء والمقابلات مع أساتذة في مختلف الكليات والجامعات بأمريكا، قدم المؤلف تلخيصًا لهذه الأسباب وهي كالآتي:

(1) عدد الطلاب في الولايات المتحدة يكون متزايدا بالطلاب الذين يرغبون في التعلم، والطلاب الذين يجب أن يتعلموا، والطلاب الذين يمكنهم تعلم اللغة الصينية قد بدأوا بالفعل في التعلم. فحينما يصل العدد الإجمالي إلى رقم معين، فإنه سيستقر ومن المستحيل الاستمرار في النمو.

(2) تشويه الإعلام للحقائق. بسبب تأثرها بـ"نظرية التهديد الصيني"، حيث روجت بعض وسائل الإعلام بشكل مفرط للجانب المظلم للصين، مما تسبب في أن يسيء بعض الأمريكيين فهم الصين ويحجمون عن تعلم اللغة الصينية.

(3) إثارة السياسيين للقلاقل والمتاعب. حيث قاد بعض السياسيين عملية قمع معاهد كونفوشيوس لأغراضهم السياسية الخاصة، مما أدى إلى إغلاق بعض معاهد كونفوشيوس في الولايات المتحدة. وقد أثر إغلاق معاهد كونفوشيوس وفصول كونفوشيوس بشكل طبيعي على تطور تدريس اللغة الصينية في الولايات المتحدة. أما الفصل التالي فهو مخصص لسرد التحديات التي تواجه معاهد كونفوشيوس في الولايات المتحدة.

ثالثا: أوضاع معاهد كونفوشيوس في الولايات المتحدة

منذ أن أنشأت جامعة ماريلاند أول معهد كونفوشيوس في الولايات المتحدة في عام 2004م، تطورت معاهد كونفوشيوس في الولايات المتحدة بسرعة في السنوات الأخيرة، حيث تكاثر مثل الفطر، وتزايدت من عدد قليل إلى 107 معاهد كونفوشيوسية والعديد من الفصول الدراسية الكونفوشيوسية، وقد لعبت دورًا كبيرًا في تعزيز تعليم اللغة الصينية في الولايات المتحدة ونشر الثقافة الصينية. وفي كتاب «البحث في ديناميكيات حول تدريس اللغة الصينية في الولايات المتحدة»، أجرى المؤلف استقصاء لـ 14 معهدًا لكونفوشيوس في الغرب الأوسط للولايات المتحدة وأعد الجدول التالي:

الجدول 1: قائمة معاهد كونفوشيوس في الغرب الأوسط للولايات المتحدة

اسم معهد كونفوشيوس	تاريخ التأسيس	الوظائف والميزات الرئيسة
معهد كونفوشيوس في جامعة كانساس	أيار/ مايو 2006	تدريس اللغة الصينية عن بعد في المدارس المتوسطة، وتدريب مجموعات الأعمال، وتنفيذ سلسلة من الأنشطة الثقافية
معهد كونفوشيوس في جامعة ولاية ميشيغان	أيار/ مايو 2006	القيام بإجراء تدريس اللغة الصينية، وخاصة تدريس اللغة الصينية عبر الإنترنت، وتطوير المناهج الدراسية، وتدريب المعلمين، وأنشطة التبادل الثقافي
معهد كونفوشيوس في شيكاغو	أيار/ مايو 2006	تعزيز تدريس اللغة الصينية، وتطوير المناهج الدراسية، وتوفير مواد التدريس المساعدة، وتدريب المعلمين في 43 مدرسة ابتدائية وثانوية عامة
معهد كونفوشيوس في جامعة أيوا	أيلول/ سبتمبر 2006	بدأ سلسلة من الدورات، وتدريب المعلمين الصينيين، وتوسيع مجال تعلم اللغة الصينية في المجتمع، وزيادة التفاهم بين الثقافات
معهد كونفوشيوس في جامعة بيردو	أيار/ مايو 2007	دورات اللغة الصينية الشفوية والثقافية، وتدريب المعلمين، وتدريس البحوث، والخدمات الاستشارية مثل الترجمة
معهد كونفوشيوس في كلية المجتمع في دنفر	أيلول/ سبتمبر 2007	تدريس اللغة الصينية وتنظيم أنشطة التجربة الثقافية الصينية والتعمق في المجتمع لتنفيذ سلسلة من الأنشطة المجتمعية
معهد فالبل كونفوشيوس	شباط/ فبراير 2008	القيام بتدريس اللغة الصينية وتوسيع سوق تدريسها، وإقامة مهرجانات موسيقية صينية، وتقديم الموسيقى ونشر الثقافة الصينية
معهد كونفوشيوس في ويبلاتفيل	نيسان/ أبريل 2008	بدأ دورات اللغة الصينية، وتقديم ممارسات تجارية وندوات ثقافية، والحصول على شهادة مدرس اللغة الصينية

اسم معهد كونفوشيوس	تاريخ التأسيس	الوظائف والميزات الرئيسة
معهد كونفوشيوس في إنديانا- نابوليس	نيسان/ أبريل 2008	القيام بتدريس اللغة الصينية، وتدريب المعلمين، داخل المجتمع لإجراء التبادلات الثقافية وتعزيز التبادلات بين المدارس
معهد كونفوشيوس في جامعة مينيسوتا	أيلول/ سبتمبر 2008	تطوير التدريس باللغة الصينية، واختبارها، أنشطة الأنشطة الثقافية، وتدريب المعلمين
معهد كونفوشيوس في جامعة ويبستر	شباط/ فبراير 2009	توفير موارد تعليمية لغوية وثقافية لتعزيز التبادلات التعليمية والثقافية المحلية والصينية
معهد كونفوشيوس في جامعة ميشيغان	تشرين الثاني/ نوفمبر 2009	يضم الفن والندوات والعروض والمحاضرات والمعارض حول مواضيع مختلفة
معهد كونفوشيوس في جامعة ويسترن ميشيغان	تشرين الثاني/ نوفمبر 2009	القيام بإعداد دورات ودورات ثقافية في اللغة الصينية، وكتابة مواد التدريس، وإجراء أبحاث حول طريقة التدريس، وأنشطة التبادل الثقافي
معهد كونفوشيوس في جامعة شيكاغو	حزيران/ يونيو 2010	إجراء البحوث حول الصين المعاصرة، وخاصة البحوث الاقتصادية المعاصرة للصين

على الرغم من أن 14 معهدًا كونفوشيوس في الغرب الأوسط للولايات المتحدة لها خصائصها الخاصة والفريدة، إلا أنها تشترك جميعًا في شيء واحد: هو أنها جميعًا ملتزمة بتعزيز تدريس اللغة الصينية المحلية وتعزيز الثقافة الصينية من وجهات نظر مختلفة. وفي السنوات القليلة الماضية، كان لمعاهد كونفوشيوس تأثير كبير على الغرب الأوسط للولايات المتحدة، حيث أقبل الكثير والعديد من الأمريكيين على معرفة الثقافة الصينية، وأصبح الكثير والعديد من الطلاب مهتمين بتعلم اللغة الصينية، كما أعرب الكثير والعديد من الأمريكيين عن رغبتهم في زيارة الصين ليروها بأنفسهم. ويمكن للعالم أجمع أن يرى ويلمس الإنجازات المهمة التي حققها معهد كونفوشيوس في الولايات المتحدة.

ونظرًا لأسباب معروفة جيدًا، انخفض عدد معاهد كونفوشيوس في الولايات المتحدة بشكل كبير في

السنوات الأخيرة. إنه أمر مثير للإعجاب، ومما يدهش أنهم ما زالوا يصرون على إدارة المدارس ونقل المعرفة الصينية وتعزيز الثقافة الصينية. وقد حظيت معاهد كونفوشيوس هذه، التي تمضي قدما في مواجهة الشدائد والقلائل، بدعم العديد من المعلمين الأمريكيين ونالت ترحيب الجمهور.

رابعا: مكانة تعليم اللغة الصينية في الولايات المتحدة

إن تدريس اللغات الأجنبية في الولايات المتحدة عبارة عن دورات موجهة نحو الخدمة، فهي تخدم حالة البحث الإقليمي أو أبحاث الانضباط المهني، واللغة الصينية ليست استثناءً. فعلى سبيل المثال، يحتاج الطلاب المتخصصون في الأدب الصيني إلى تحسين كفاءتهم في اللغة الصينية حتى يتمكنوا من قراءة الأدب الأصلي باللغة الصينية. لذا، نجد في العديد من الجامعات، أولئك الذين يقومون بتدريس الأدب الصيني والتخصصات الأخرى هم الأساتذة الذين يشغلون مناصب ثابتة، في حين أن أولئك الذين يدرسون اللغة الصينية هم محاضرون غير دائمين. على الرغم من أن وظيفة محاضر اللغة الصينية مستقرة تمامًا، إلا أنه لا يوجد منصب ثابت ودائم. فالعديد من رؤساء الأقسام الصينية في العديد من الجامعات محاضرون كبارا وليس لديهم وضع المسار الوظيفي، وجميعهم حاصلون على درجة الدكتوراه في تدريس اللغة الصينية، وتخصص اللغويات، وعلوم التربية. ونجد أن معظم المعلمين الصينيين هم من البر الرئيس الصيني وبعضهم من تايوان.

لا توجد في الأساس أقسام اللغة الصينية في الجامعات الأمريكية، ومعظمها تابع لقسم دراسات شرق آسيا، أو تابع لقسم اللغات والثقافات الآسيوية أو القسم الصيني اللغات والثقافات الآسيوية. في الجامعات العامة، يتمتع قسم دراسات شرق آسيا أو قسم اللغات والثقافات الآسيوية بنفس المكانة التي يتمتع بها قسم التاريخ وقسم الأديان وغيرها، ولكن وزن قسم العلوم الصعبة مثل العلوم والهندسة بعيد كل البعد عن مكانة تلك الأقسام، فهو ليس كمثله. وبقدر ما يتعلق الأمر بوضع قسم اللغة الصينية في الكليات، فإن الوضع النسبي لقسم اللغة الصينية في الكلية التابعة لرابطة اللبلاب هو نفسه تمامًا نفس الوضع الخاص بقسم اللغة الصينية لرابطة اللبلاب في الكليات الأخرى. فمثلاً، قسم اللغة الصينية في جامعة برينستون أقوى بكثير من قسم جامعة نورث وسترن، لكن الوضع النسبي للاثنين في كلياتهما هو نفسه تقريبًا. وقد عمل المؤلف بجامعة برينستون قبل مجيئه إلى

جامعة نورث وسترن ولمس ذلك ولديه بعض الفهم الدقيق لهذه القضية. وبالطبع، في السنوات الأخيرة، نجد أن اقتصاد الصين قد تطور بسرعة، وارتفعت مكانته الدولية بشكل منقطع النظير، وتجد أن كليات وجامعات الولايات المتحدة لديها تبادلات متكررة مع الكليات والجامعات الصينية. وقد أدى هذا أيضًا إلى زيادة وزن قسم اللغة الصينية في كل كلية. وآمل أن يستمر في التطور بهذا الزخم المتألق.

خامسا: اختيار المناهج الدراسية للغة الصينية

لا يوجد منهج موحد لتعليم اللغة الصينية في الولايات المتحدة، فالبرامج الصينية في كل مدرسة تضع منهاجها حسب الاحتياجات الفعلية للطلاب في الكلية، واختيار المواد التعليمية المناسبة للغرض التدريسي لكل كلية.

يتم ترسيخ اختيار المناهج الدراسية في جامعات أمريكا الشمالية بشكل متزايد. ولأجل فهم اختيار الكتب المدرسية الصينية في الكليات والجامعات الأمريكية، أجرى البروفيسور لي يو من جامعة إيموري وآخرون استبيانًا على 170 جامعة في الولايات المتحدة، ونشروا تقريرا استقصائيا في العدد 49 من «مجلة أبحاث حول تدريس اللغة الصينية برعاية رابطة المعلمين الأمريكيين الصينيين» في عام 2014م. ووفقًا لإحصائيات البروفيسور لي يو، فإن المناهج الدراسية الأكثر استخدامًا لتدريس اللغة الصينية في الصفوف السفلى في أمريكا الشمالية هي سلسلة «الاستماع والتحدث والقراءة والكتابة باللغة الصينية»، وأكثر المناهج الدراسية استخدامًا للصفوف العليا هي سلسلة «اهتم واعتني بكل الأمور». كلتا السلسلتين من المناهج الدراسية كتبها مدرسون أمريكيون أصليون. أشار البروفيسور ليانج شيا من جامعة واشنطن في كتابه الجديد «البحث في تعليم اللغة الصينية في الجامعات الأمريكية» إلى أن أهم ميزة لهاتين السلسلتين من المناهج الدراسية هي أنهما تحتويان على أشياء واضحة ومفيدة. حيث يتم ترتيب وتحديد أي صف وأي فصل دراسي يستخدم فيه منهج دراسي معين بالكامل وفقا لطول الفصل الدراسي العام وعدد ساعات الفصل الدراسي في الأسبوع للجامعات الأمريكية، وحالة الحياة الحقيقية للطلاب في ذلك الصف الدراسي. يعتقد البروفيسور ليانغ شيا أن محرري هاتين السلسلتين من المناهج الدراسية لديهم خبرة تعليمية غنية في الكليات والجامعات الأمريكية، ولديهم وعي متكامل واضح بالقواعد والثقافة المقارنة. ونظرا لأن هذه

المجموعة من المواد التعليمية تستند إلى الحاضر وقريبة من واقع حياة الطلاب، يمكن أن يتردد صداها لدى الطلاب على نطاق أوسع.

ويمكن للمعلمين في الفصول المختلفة في كل جامعة أمريكية اختيار المواد المفضلة لديهم. ويمكن للقراء الاطلاع على الكتب المدرسية التي اختاروها من جدول جامعة نورث كما سترون أدناه.

الجدول 2: مناهج اللغة الصينية بجامعة نورث ويست والمواد التعليمية الاختيارية

اسم الفرقة الدراسية	اسم المنهج
الفرقة الأولى لغة صينية	«اللغة الصينية الحديثة» 1A، 1B
الفرقة الثانية لغة صينية	«اللغة الصينية الحديثة» 1B، 2A
الفرقة الثالثة لغة صينية	«أساليب وتعبيرات»
الفرقة الرابعة لغة صينية	«آفاق ثقافية متلاحمة»، «قراءة ومطالعات في الروايات الصغيرة»
اللغة الصينية للأجانب ذوي أصل صيني المستوى الأول	«الاستماع والتحدث والقراءة والكتابة» المرحلة الابتدائية المستوى الأول والمرحلة الابتدائية المستوى الثاني
اللغة الصينية للأجانب ذوي أصل صيني المستوى الثاني	«الاستماع والتحدث والقراءة والكتابة» المرحلة الإعدادية المستوى الأول والمرحلة الإعدادية المستوى الثاني
اللغة الصينية للأجانب ذوي أصل صيني المستوى الثالث	«الصين بين التغيير والتطوير»، «فيينتيان معالم الصين الداخلية والخارجية»
اللغة الصينية للأجانب ذوي أصل صيني المستوى الرابع	«الطريق إلى النجاح» النجاح الفصل الأول، «الطريق إلى النجاح» النجاح الفصل الثاني
تجارة باللغة الصينية	«طريق الحرير الجديد»

وانطلاقا من الكتب الدراسية التسعة المختلفة التي اختارتها جامعة نورث وسترن، سبعة منها هي كتب مدرسية مكتوبة في الولايات المتحدة. وتم اختيار كتابين فقط، هما: «الطريق إلى النجاح» و»طريق الحرير

الجديد» مطبعة جامعة بكين، من قبل جامعة نورث وسترن. وقد اعتمد تقرير الاستبيان على نماذج مختارة من المناهج الدراسية بجامعة نورث وسترن للبروفيسور لي يو الصادر في عام 2014م وتحليل البروفيسور ليانغ شيا الصادر في عام 2020م. ومن هذا المنطلق، يمكن استنتاج أن المعلمين والطلاب الأمريكيين يفضلون الكتب المدرسية المكتوبة محليًا، والتي تعد أكثر ملاءمة لتعليم اللغة الصينية في الولايات المتحدة من حيث الشكل والمحتوى والتصور الصوتي وخدمة ما بعد البيع.

سادسا: "توجيهات وإرشادات إتقان اللغة الأجنبية"

تعد «إرشادات إتقان اللغة الأجنبية» (ACTFL PROFICIENCY GUIDELINES، اختصارا بالإرشادات) التي صاغتها الجمعية الوطنية لتدريس اللغات الأجنبية علامة بارزة في توحيد معايير تدريس اللغات الأجنبية. وهي تصف بالتفصيل المستويات المختلفة لمهام اللغات الأجنبية التي يتطلب من الطلاب إكمالها على مختلف مستوياتهم. وتتجاوز «المبادئ التوجيهية» الاختلافات بين اللغات المختلفة، وتضع معيارًا موحدًا، وتوفر معيارًا لتدريس اللغات الأجنبية. بغض النظر عن عائلة اللغات التي تنتمي إليها اللغة أو مدى صعوبة ذلك، يمكنك تحديد الأهداف ووضع الخطط اللغوية بناءً على هذا المعيار. وفقًا لهذا المعيار، يمكن للناس أن يفهموا ماهية الأهداف المعلنة لدورات معينة في الكليات، سواء أكانت "متقدمة جدًا" أو "متقدمة" أو "متوسطة". من أجل تحقيق الأهداف المحددة، ستأخذ المدرسة في الاعتبار في عملية تصميم الدورات واختيار المواد التعليمية وتوظيف المعلمين. على سبيل المثال، تتطلب مؤسسة تعليم الأمن القومي 12 برنامجًا تجريبيًا صينيًا لتدريب الطلاب على المستوى "المتقدم للغاية" من الإرشادات. وهذا المستوى "المتقدم للغاية" يصف بوضوح مهام اللغة الأجنبية التي يمكن للطلاب الذين يصلون إلى هذا المستوى القيام بها. اتفق الطرفان "الطرف الأول" مع "الطرف الثاني" على أن "الطرف الأول" سيختبر مستوى الطلاب وفقًا لهذا المعيار بعد مدة دراسية أربع سنوات. وفقًا لهذا المعيار، تقرر كل كلية مشروعا تجريبيا لكيفية استخدام الأموال المقدمة من المؤسسة لتوظيف عدد المعلمين ونوع المنهج الدراسي الذي يجب تعيينه والدورات التدريبية التي يجب تقديمها وعدد ساعات الفصل؛ وذلك لتدريب الطلاب بطريقة مستهدفة؛ حيث

تكون المعايير واضحة، والأهداف واضحة، وكلا الطرفين واضحيْن بشأن المستوى الذي تحتاجه الدولة لتدريب الطلاب على إتقان اللغة الأجنبية.

«المبادئ التوجيهية الإرشادية» تصف بالتفصيل قدرات إتقان اللغة الأجنبية للمرشحين على مختلف المستويات، والتي تكون بين الأعلى "مستوى القمة" وبين الأدنى "أدنى مستوى المبتدئ"، أي أنه يمكن للمرشحين في مختلف المستويات التحدث والكتابة بلغة أجنبية في أي وقت وأي مكان وأي مناسبة، وما لم يتحدثوا به أو يكتبوه. ولا تتبع «المبادئ التوجيهية الإرشادية» نظرية تدريس معينة أو طرق تدريس أو منهجًا دراسيًا محددا. فـ«المبادئ التوجيهية الإرشادية» ليست سوى أداة موحدة لقياس الكفاءة اللغوية الأجنبية للمرشحين.

«المبادئ التوجيهية الإرشادية» تحكم وتقيم كفاءة الطلاب في اللغة الأجنبية من خلال أربعة جوانب رئيسة، وهي التحدث والكتابة والاستماع والقراءة. وهذا ليس كترتيب الاستماع والتحدث والقراءة والكتابة المعترف به عمومًا داخل الصين، فهو يختلف عن الترتيب السابق للأربعة جوانب رئيسة، ولكن يتم اعتماد ترتيب المحادثة والكتابة والاستماع والقراءة. فالفكرة الرئيسة القائمة عليها هي التمييز بين قدرة الطلاب على الاستجابة والقدرة على التعبير. تنتمي المحادثة والكتابة إلى المهارات التعبيرية، في حين أن الاستماع والقراءة ينتميان إلى مهارات الاستيعاب.

«المبادئ التوجيهية الإرشادية» تقسم إتقان وإجادة اللغة الأجنبية من خلال الجوانب الأربعة إلى خمس درجات رئيسة وتسع درجات ثانوية. فإذا أخذنا مستوى المحادثة كمثال، فإن "الأعلى" هو "المتميز"، أي المستوى "الأعلى" ويليه المستوى "المتفوق"، والمستوى "المتقدم للغاية" ويليه المستوى "المتقدم"، ينقسم "المتقدم" إلى المستوى "المتقدم العلوي" و"المتقدم الأوسط" و"المتقدم الأدنى". ويليه المستوى "المتوسط". ينقسم المستوى "المتوسط" إلى "فوق المتوسط"، و"متوسط"، وأقل من "المتوسط". والمستوى "الأدنى" درجة هو المستوى "المبتدئ"، أي المستوى "التأسيس". وينقسم المستوى "الابتدائي" إلى المستوى "الابتدائي الأعلى" و"المتوسط الابتدائي"، والمستوى "الابتدائي الأدنى". وحتى يمكن إظهار جميع المستويات بشكل أكثر وضوحًا، طورت «المبادئ التوجيهية الإرشادية» المخططات الهرمية التالية:

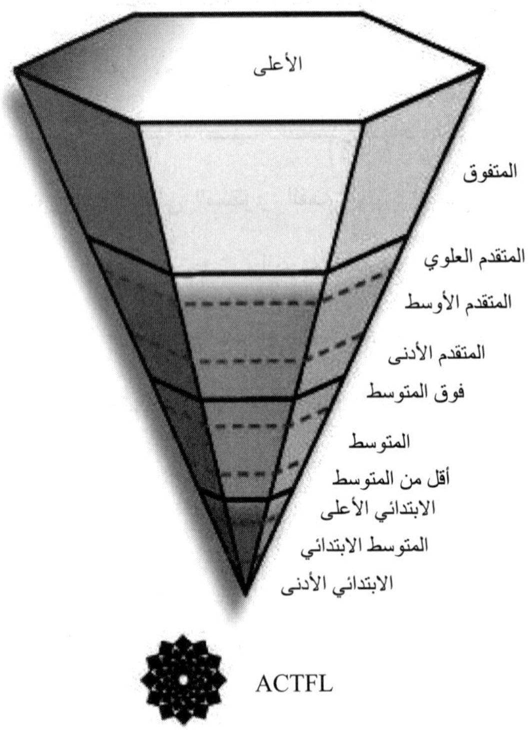

الشكل 2: رسم تخطيطي لمستويات قدرة الرابطة الوطنية لتعليم اللغات الأجنبية «إرشادات لإتقان اللغات الأجنبية»

تمثل الأقماع المقلوبة في الصورة أعلاه مستويات اللغة الأجنبية المختلفة لمرشحين مختلفين. ويمثل الجزء السفلي المدبب في المستوى الأدنى، المستوى "الابتدائي الأدنى"، وتمثل المستويات التسعة الوسطى تسعة مستويات مختلفة، ويمثل الجزء العلوي المستوى "الأعلى". ويوضح الرسم البياني للقارئ بصريًا أن المرشحين من المستوى «التأسيسِ الأوّلي» لديهم أقل قدر من المعرفة، لذا فهم في الجزء السفلي المدبب من الرسم البياني، في حين أن المرشحين يتمتعون في المستوى "الأعلى" بأكبر قدر من المعرفة، لذلك يحتلون أعلى القمة. ويمكن ملاحظة أن أرقام رسومات الرابطة الوطنية لتدريس اللغات الأجنبية تمثل مقدار المعرفة المكتسبة التي يتقنها المرشحون على مختلف المستويات، وليس عدد الطلاب في كل المستويات. وفقًا لأرقام الصورة والرسومات أعلاه، كلما ارتفع مستوى المرشح، زادت قدرته، وكلما زاد المصدر، زادت فرص المهنة؛ وكلما انخفض مستوى المرشح، قلت القدرة، قلت فرص المهنة، ويمكن إنزاله ووضعه في اتجاه

المصب في الجزء السفلي.

ومع توفر «المبادئ التوجيهية الإرشادية»، فبغض النظر عن المدرسة أو اللغة الأجنبية، يمكنك تحديد أهدافك وفقًا لموقفك الحقيقي ووضعك الفعلي، قد يعطي المنهج الذي طورته وزارة اللغة الصينية التي أعمل بها القارئ بعض الإلهامات، ووفقا للوضع المحدد للطالب، أي بعد دراسة اللغة الصينية لمدة عام دراسي واحد في مستويات مختلفة من دورات اللغة الصينية، يجب أن يصل الطلاب إلى المستويات الآتية:

الجدول 3: جدول يوضح مستويات التسجيل في دورات اللغة الصينية

اسم المقرر الدراسي	مستوى المحادثة	مستوى الإنشاء	مستوى الاستماع	مستوى القراءة والمطالعات
اللغة الصينية الفرقة الأولى	المستوى التأسيسِي الأعلى	المستوى التأسيسِي الأعلى	المستوى التأسيسِي الأعلى	المستوى التأسيسِ الأعلى
اللغة الصينية الفرقة الثانية	المستوى المتوسط الأوسط	المستوى المتوسط الأوسط	المستوى المتوسط الأوسط	المستوى المتوسط الأدنى
اللغة الصينية الفرقة الثالثة	المستوى المتوسط الأعلى	المستوى المتوسط الأعلى	المستوى المتوسط الأعلى	المستوى المتوسط الأوسط
اللغة صينية الفرقة الرابعة	المستوى أقل من الأعلى الى المستوى الأعلى المتوسط	المستوى أقل من الأعلى الى المستوى الأعلى المتوسط	المستوى أقل من الأعلى الى المستوى الأعلى المتوسط	المستوى أقل من الأعلى الى المستوى الأعلى المتوسط
اللغه صينيئة للأجانب من أصل صينيي الفرقة الأولى	المستوى المتوسط الرفيع	المستوى المتوسط الأوسط إلى المستوى المتوسط الرفيع	المستوى المتوسط الرفيع	المستوى المتوسط الأوسط إلى المستوى المتوسط الرفيع
اللغة صينية للأجانب من أصل صينيي الفرقة الثانية	المستوى أقل من الأعلى	المستوى المتوسط الرفيع إلى المستوى أقل من الأعلى	المستوى أقل من الأعلى	المستوى المتوسط الرفيع إلى المستوى أقل من الأعلى

اسم المقرر الدراسي	مستوى المحادثة	مستوى الإنشاء	مستوى الاستماع	مستوى القراءة والمطالعات
اللغة صينية للأجانب من أصل صيني الفرقة الثالثة	المستوى الأعلى المتوسط	المستوى الأقل من الأعلى إلى المستوى الأعلى المتوسط	المستوى الأعلى المتوسط	المستوى الأقل من الأعلى إلى المستوى الأعلى المتوسط
اللغة صينية للأجانب من أصل صيني الفرقة الرابعة	المستوى الأعلى الرفيع	المستوى الأعلى الرفيع	المستوى الأعلى الرفيع	المستوى الأعلى الرفيع

نظرًا لأن احتياجات الأجانب ذوي الأصل الصيني وغير الصينيين مختلفة، أيضًا لأن الوقت أو ساعات الفصل المطلوبة للوصول إلى مستوى معين مختلفة تمامًا، وبالتالي فإن متطلبات المستويات الأربعة للاستماع والتحدث والقراءة والكتابة مختلفة أيضًا.

سابعا: المنظمات التعليمية الصينية في الولايات المتحدة

هناك ثلاث منظمات رئيسة لتعليم اللغة الصينية في الولايات المتحدة: الجمعية الوطنية للمعلمين الصينيين، والجمعية الوطنية للمعلمين الصينيين للمدارس الابتدائية والثانوية، والجمعية الوطنية للمدارس الصينية. فهي مستقلة عن بعضها وتتعاون مع بعضها البعض.

1. الجمعية الوطنية لمعلمي اللغة الصينية بالولايات المتحدة

الاسم الإنجليزي الكامل للجمعية الوطنية لمعلمي اللغة الصينية هو رابطة معلمي اللغة الصينية، والمختصر باسم CLTA. تأسست الجمعية عام 1962م وتضم أكثر من 700 عضو. ويأتي الأعضاء بشكل رئيس من مدرسين صينيين من جامعات مختلفة في الولايات المتحدة. وفي السنوات الأخيرة، انضم أيضًا بعض المعلمين الصينيين للعمل بالمدارس الابتدائية والثانوية. أما الغرض من هذه الجمعية هو تعزيز التطوير

والبحث في تدريس اللغة الصينية وتعليم الثقافة الصينية في الولايات المتحدة. وتعقد الجمعية اجتماعًا سنويًا حتى تنتخب الرئيس القادم لها وتنظم ندوات تعليمية حول موضوعات مختلفة. وللرابطة أيضًا مجلة أكاديمية بعنوان «بحث في تدريس اللغة الصينية - مجلة جمعية المعلمين الأمريكيين باللغة الصينية». تنشر المجلة ثلاثة أعداد سنويًا وتتم مراجعتها من قبل شخصيات غير معلن أسماؤها لضمان الحيادية والجودة لنشر أحدث الإنجازات في التدريس والبحوث في اللغة الصينية، وهي قناة مهمة لفهم التدريس والبحوث في اللغة الصينية في الولايات المتحدة. وهناك بعض المقالات المنشورة مكتوبة باللغة الصينية والبعض الآخر باللغة الإنجليزية. تركز المجلة على دراسة ممارسة التدريس وتهدف إلى تعزيز تطوير تدريس اللغة الصينية بشكل خاص.

2. الجمعية الوطنية للمعلمين الصينيين للمدارس الابتدائية والثانوية بالولايات المتحدة

الاسم الإنجليزي للجمعية الوطنية للمعلمين الصينيين في المدارس الابتدائية والثانوية هو جمعية اللغة الصينية للمدارس الثانوية الابتدائية، واسمها المختصر هو CLASS. ولقد تأسست هذه الجمعية في عام 1987م بهدف مساعدة المدارس الابتدائية والثانوية في إطلاق برامج اللغة الصينية وتطويرها، وتأليف منهج تعليمي موحد، ووضع معايير اختبار إجادة اللغة الصينية، وإعداد دورات AP الصينية، وتدريب المعلمين الصينيين في المدارس الابتدائية والثانوية، وهَلُمّ جَرًّا. هذه الجمعية تتعاون بشكل وثيق مع الجمعية الوطنية للمعلمين الصينيين وتعقد كلاهما اجتماعًا سنويًا معًا في كل عام. وكثير من أعضاء هذه الجمعية هم أيضًا أعضاء في الجمعية الوطنية للمعلمين الصينيين، و هم قد أتوا من المدارس العامة والخاصة K-12 في الولايات المتحدة.

3. الجمعية الوطنية للمدارس الصينية بالولايات المتحدة

الاسم الإنجليزي لجمعية المدارس الصينية الوطنية هو جمعية المدارس الصينية في الولايات المتحدة، والمختصر باسم CSAUS. ولقد تأسست هذه الجمعية عام 1994م، وتضم مدارسها أعضاء لأكثر من 500 مدرسة صينية من خمسين ولاية في الولايات المتحدة. ويوجد أكثر من 100000 طالب صيني وحوالي 8000 مدرس. أما الغرض من هذه الجمعية فهو تطوير تعليم اللغة الصينية للأطفال الأمريكيين الأجانب من أصل صيني خارج ساعات الدراسة وتعزيز تعريف الأطفال الأجانب ذوي أصل صيني بالثقافة والتقاليد

الصينية. هذه الجمعية تعقد اجتماعًا عامًا كل عامين، حتى تنتخب رئيسها القادم، وتناقش اتجاهات العمل المستقبلي، وتضع خطط عمل مستقبلية، وتنظم الطلاب للذهاب إلى الصين للبحث عن أسلافهم وجذورهم، وتنظم مسابقات الخطابة باللغة الصينية، وتنظم مسابقات كتابة المقالات، وغيرها من الأنشطة الثقافية. وتختلف المدارس الصينية عن الكليات والجامعات الابتدائية والثانوية بالولايات المتحدة، إلا أن المدارس الصينية لديها أماكن بالفصول الدراسية في أيام السبت أو الأحد فقط، ومعظمها يستأجر الفصول الدراسية في المدارس المتوسطة أو الجامعات. فالطلاب هم طلاب المدارس الابتدائية والإعدادية. ومعظمهم من الأطفال الأجانب من أصل صيني، وعدد قليل منهم أطفال أجانب من أصل صيني تم تبنيهم من قبل الصين. فالغرض من إنشاء جمعية المدارس الصينية هو توفير الفرص والبيئة للأطفال الأجانب من أصل صيني لتعلم اللغة الصينية والحفاظ على التقاليد الثقافية الصينية.

من بين الجمعيات الثلاثة المذكورة أعلاه، تدعم الجمعية الوطنية للمعلمين الصينيين تعليم اللغة الصينية للجامعات بشكل رئيس، كما تدعم الجمعية الوطنية للمعلمين الصينيين تعليم اللغة الصينية في المدارس الابتدائية والثانوية بشكل أساسي، وتدعم جمعية المدارس الصينية الوطنية بشكل رئيس تعليم اللغة الصينية بالمدارس الصينية أيام عطلة نهاية الأسبوع. وعلى الرغم من اختلاف أهداف طرق دعمهم، إلا أن غرضهم واحد، وعملهم مترابط ومتضامن أيضًا. فعلى سبيل المثال، إذا تمكنت المدارس الصينية في عطلة نهاية الأسبوع من تنمية اهتمام الأطفال الأجانب ذوي أصل صيني بتعلم اللغة الصينية، وتمكنت من تدريس اللغة الصينية في المدارس الابتدائية والثانوية، واستطاعت تقديم المزيد من الدورات الدراسية الصينية وإرساء أساس متين للطلاب في اللغة الصينية، فإن تدريس اللغة الصينية في الجامعات يمكن أن يساعد الطلاب بشكل كبير على تحسين مهاراتهم ومستواهم لإجادة اللغة الصينية وإتقانها. لذا، فإن التواصل والتعاون بين هذه الجمعيات الثلاث ضروريان ومهمان جدًا للغاية. والمؤلف هنا هو أستاذ في جامعة نورث وسترن. وكان خلال أوقات فراغه، يقوم بتدريس اللغة الصينية في مدرسة ثانوية عامة في شيكاغو لمدة أربع سنوات. كما عمل مديرا متطوعا للمدرسة الصينية لمدة ثماني سنوات في عطلات نهاية الأسبوع حينما درست ابنته اللغة الصينية، وكان عضوًا في الجمعيات الثلاث المذكورة أعلاه، لذلك كان يعرف المزيد عن وضع هذه الجمعيات الثلاث.

إضافة إلى الجمعيات الثلاث الكبيرة العظيمة المذكورة أعلاه، هناك أيضًا بعض الجمعيات المهنية

المتخصصة في مختلف الولايات والمناطق، مثل جمعية المعلمين الصينيين في كاليفورنيا، وجمعية تعليم الخط، وجمعية تدريس الأعمال التجارية باللغة الصينية وغيرها. الغرض من هذه الجمعيات واضح وجلي جدًا للغاية، وهو مساعدة المعلمين الصينيين على تحسين مستوى تعليمهم للغة الصينية وتشجيع تطوير تعليم اللغة الصينية. الأنشطة الرئيسة التي يقومون بها هي عقد اجتماعات سنوية، وانتخاب رئيس الدورة القادمة للجمعية، وتنظيم مسابقات الخطابة باللغة الصينية وهَلُمّ جَرًّا.

لقد تطوّر تعليم اللغة الصينية في الولايات المتحدة بسرعة فائقة في السنوات الأخيرة، وحقق تقدمًا كبيرًا على المدى الطويل من حيث نوع التعليم، وعدد الطلاب، والحالة الأكاديمية، واختيار الكتب المدرسية، ومعايير اختبار إجادة اللغة الصينية، والهيكل التنظيمي للجمعيات. ولطالما ارتبط تطوير تعليم اللغة الصينية في الولايات المتحدة ارتباطًا وثيقًا بالمساعدات المحلية. وبمساعدة الزملاء في المجتمع المحلي لتدريس اللغة الصينية، فإن تعليم اللغة الصينية في الولايات المتحدة سيشهد تطورًا كبيرا في المستقبل.

(المؤلف: قو ليتشانغ، جامعة نورس وسترن في أمريكا)

مرجعي حول تعليم اللغة الصينية في فرنسا عام 2019م

يتزامن عام 2019م مع الذكرى الخامسة والخمسين لإقامة العلاقات الدبلوماسية بين الصين وفرنسا، وهو يعد عامًا ليس عاديًا للغاية بالنسبة لشعبي البلدين في تاريخ الدبلوماسية. وفي نفس الوقت، يعد عام 2019م أيضًا عامًا ذا أهمية كبيرة في تاريخ تعليم اللغة الصينية في فرنسا. ومن المعروف جيدًا أنه في السنوات الخمس عشرة الماضية، قد ظهرت ظاهرة تبعث على الرضا والتفاؤل في فرنسا، حيث يتزايد عدد الأشخاص الذين يتعلمون اللغة الصينية. ووفقًا لآخر الإحصاءات المتاحة، بلغ عدد الأشخاص الذين درسوا اللغة الصينية في فرنسا أكثر من 100000 طالبفي عام 2016م[1]. واستمر هذا الاتجاه التنموي الجيد في عام 2019م. وعلاوة على ذلك، فإن فرنسا هي الدولة التي يوجد بها أكبر عدد من الأشخاص الذين يسجلون باختبارات إجادة اللغة الصينية المسمى بـ HSK في أوروبا.

هذا التقرير سيبحث في المقام الأول أوضاع تدريس اللغة الصينية حسب المستوى التعليمي في فرنسا لعام 2019م:

أولا: أوضاع تدريس اللغة الفرنسية الصينية حسب المستوى التعليمي

1. تدريس اللغة الصينية في المدارس الابتدائية

عدد طلاب المدارس الابتدائية الذين يدرسون اللغة الصينية في فرنسا قد وصل إلى أكثر من 6000

---

1 انظر البروفيسور بيلاسن جويل/ باي ليسانغ (2016م)، وبعد أن شغل السيد باي ليسانغ منصب المفتش لتعليم اللغة الصينية ل وزارة التربية الوطنية بفرنسا، لم يعد نشر التقرير السنوي عن تعليم اللغة الصينية في المجتمع.

طالب في عام 2019م. وهناك 70 مدرسة ابتدائية في فرنسا تقدم حاليًا محاضرات وكورسات في اللغة الصينية[1]. وتنقسم هذه المدارس إلى ثلاثة أنواع: المدارس الابتدائية في فرنسا والمدارس الفرنسية في الخارج والمدارس الابتدائية الدولية. ويبدأ طلاب المدارس الابتدائية الفرنسية بوجه عام في تعلم اللغات الأجنبية في الفصول التحضيرية للمدارس الابتدائية. هناك بعض الأطفال قد يحالفهم الحظ في وجود مدرسين يقومون بتدريس اللغة الصينية منذ روضة الأطفال، لكي يتمكنوا من البدء في التواصل باللغة الصينية. فمثلًا، هناك بعض الأطفال تدرس اللغة الصينية في روضة أطفال باريس الصينية الفرنسية ومنزل مونتيسوري للأطفال[2]. نجد أن معظم الطلاب يدرسون في فرنسا اللغة الإنجليزية، ولكن الآن يختار كثيرًا جدًا من الأطفال دراسة اللغة الصينية. ويهتم المعلمون بالمدارس الابتدائية خلال تدريس اللغة الأجنبية اهتمامًا كبيرًا جدًا باللغة لإيقاظ إحساس الأطفال نحو دراستها. وعلاوة على تعلم اللغة الإنجليزية هكذا، بدأ الكثير من طلاب المدارس الابتدائية في تعلم ودراسة اللغة الصينية. وقد أصبحت اللغة الصينية لغتهم الأجنبية الثانية. وقد أصدرت وزارة التعليم الفرنسية مناهج اللغة الصينية للمدارس الابتدائية في وقت مبكر من عام 2002م. وعلاوة على ذلك، هناك خمس عشرة مدرسةً دوليةً في المدارس الابتدائية في فرنسا[3]. تقبل هذه المدارس الطلاب الصينيين والفرنسيين. إنهم يذهبون إلى المدرسة معًا ويلعبون معًا ويتواصلون معًا ويساعدون بعضهم بعضًا في اللغة ويتقدمون معًا. وعليهم أن يأخذوا ثلاث ساعات في دروس اللغة الصينية كل أسبوع. ويمكن للطلاب الفرنسيين تحسين كفاءتهم في اللغة الصينية في مثل هذه البيئة بسرعة للغاية، ويمكن للطلاب الصينيين أيضًا التكيف بسرعة مع نظام التعليم الفرنسي.

2. تعليم اللغة الصينية في المدارس الثانوية الفرنسية

ومن الحقائق التي لا مراء ولا جدال فيها أن فرنسا قد أدت دورًا رائدًا في تطوير تدريس اللغة الصينية في المدارس الثانوية بها. وكان هذا قبل إقامة العلاقات الدبلوماسية بين فرنسا والصين في وقت مبكر من

---

1 انظر الاحصائيات من خريطة تعليم اللغة الصينية في الموقع لجمعية مدرسي اللغة الصينية بفرنسا، (2020-07-28) .https://www.afpc.asso.fr/Carte-du-Chinois

2 انظر أعلاه.

3 انظر موقع وزارة التعليم الفرنسية education.gouv.fr, les sections internationales au collège فصول دولية في المدرسة الإعدادية (2020-07-28) .https://www.education.gouv.fr/les-sections-internationales-l-ecole-primaire-12443

عام 1958م، وقد تم حينها افتتاح أول دورة لغة صينية للمدرسة الإعدادية في باريس[1]. ثم شغل البروفيسور باي لي سانغ منصبَ كبير مفتشي ملحقية تعليم اللغة الصينية في وزارة التعليم بفرنسا لمدة عشر سنوات في الفترة من عام 2006م إلى عام 2016م. ولقد قدم البروفيسور باي لي سانغ إسهامات كبيرة في تطوير تدريس اللغة الصينية بفرنسا. وقد أبدى أهمية كبيرة حول تعزيز تعليم اللغة الصينية في المدارس الثانوية وسعى جاهدًا لبناء هيكل تعليمي متكامل، والذي تم الاعتراف به دائمًا باعتباره سمة رئيسة لتدريس اللغة الصينية في فرنسا. وبفضل توجيه وزارة التعليم الفرنسية وجهود المعلمين الصينيين الفرنسيين المحليين، يمكن القول إنه في الوقت الراهن ومن غير مبالغة يوجد في كل ركن بفرنسا مكان لتعليم اللغة الصينية، أي تنتشر من البر الرئيس لفرنسا إلى كورسيكا وحتى المقاطعات والأقاليم فيما وراء البحار، علاوة على ذلك، يوجد أيضًا معاهد كونفوشيوس بالتعاون مع الصين وفرنسا.

توجد هناك إحدى وخمسون مدرسة إعدادية جديدة فتحت فصولًا لتدريس اللغة الصينية في عام 2019م[2]. وقد بلغ العدد الإجمالي للمدارس الثانوية (بما في ذلك المدارس الإعدادية والثانوية) التي فتحت دورات لتعليم اللغة الصينية في فرنسا 1079 في هذا العام، بزيادة خمسة أضعاف مقارنة بعددها التي كانت عليه في عام 2005م. ولا ينبغي أن نغفل أو ننسى أن هناك 40 مدرسة ثانوية فرنسية و28 فصلًا دوليًا في الخارج. وفقًا للإحصاءات، يوجد هناك 334 مدرسة ثانوية تقدم دورات في اللغة الصينية[3]، والغالبية العظمى منها تبلغ (304 مدرسة) تقدم دورات في اللغة الصينية كلغة أجنبية ثانية. ناهيك عن أن تدريس اللغة الصينية في المدارس الثانوية الفرنسية يتمتع باستمرارية تدريس جيدة. وهناك 68٪ من الطلاب الذين بدأوا تعلم اللغة الصينية في المدرسة الإعدادية يمكنهم مواصلة تعلم اللغة الصينية في المدرسة الثانوية[4]. ووفقًا لإحصاءات مدير التفتيش التعليمي باي لي سانغ، فإن نصف الطلاب الذين يتعلمون اللغة الصينية

---

1 انظر البروفيسور بيلاسن جويل/ باي ليسانغ (2016م).

2 انظر جمعية الصداقة التربوية الفرنسية وآسيا الوسطى، النشرة الإخبارية رقم 40 من جمعية 2 ،Lettre d'information من مارس في 2020م (30-07-2020). https://fcae.fr/pdf/Lettre-N40-Mars-2020.pdf.

3 انظر الموقع الإلكتروني للمركز الوطني للتعليم والمعلومات المهنية (28-07-2020) http://www.onisep.fr/Choisir-mes-etudes/College/Classes-du-college/Etudier-les-langues-au-college/La-carte-des-principales-langues-vivantes-etrangeres-enseignees-pres-de-chez-vous.

4 موقع وزارة التعليم الفرنسية (28-07-2020) فصول اللغات الأوروبية واللغات الشرقية في المدارس الثانوية https://www.education.gouv.fr/les-sections-internationales-au-lycee-2606.

يستخدمون اللغة الصينية كلغة أجنبية ثانية. حيث تقدم 60٪ من المدارس الثانوية في فرنسا دورات في اللغة الصينية كلغة أجنبية ثالثة حاليًا. ولكن لا يزال في نفس الوقت هناك نصف هذه المدارس يقدم دورات في اللغة الصينية كلغة أجنبية ثانية وثالثة. وفي السنوات الأخيرة، هناك أكثر من 30 مدرسة ثانوية أصبحت اللغة الصينية بها هي اللغة الأجنبية الأولى. في الأربع عشرة مدرسة ثانوية، تختلف مكانة اللغة الصينية: يمكن للطلاب اختيار اللغة الصينية في نفس المدرسة كلغة أجنبية أولى، أو كلغة أجنبية ثانية، أو كلغة أجنبية ثالثة. وعلاوة على ذلك، فإن اللغة الصينية دائمًا ما تحتل المرتبة الأولى في الفصول الدولية وفصول اللغة الشرقية، بالإضافة إلى فصل اللغة الصينية الخاص (ثلاث إلى خمس ساعات من فصل اللغة الصينية في الأسبوع) وفقًا للوائح والقواعد المعمول بها، كما يشترط على المدرسة أيضًا أن ترتّب المعلمين الذين تم إرسالهم من الصين لتدريس دورات غير اللغة باللغة الصينية. وهناك إشارة وعلامة مميزة وخاصة تشير إلى "الدورة الدولية" أو "قسم اللغة الشرقية" في شهادة الدبلومة بعد التخرج. مع تعميق التبادلات بين الصين وفرنسا في مجالات الثقافة والتكنولوجيا وتطوير الصداقة بين الشعبين، هناك عدد متزايد من الفرنسيين الذين يعرفون الصين واللغة الصينية. أما طلاب المدارس الثانوية الفنية يهتمون أكثر فأكثر باللغة الصينية في الوقت الراهن، كما أن اللغة الصينية هي أيضًا نقطة قوية لطلاب المدارس المهنية للعثور على وظائف في المستقبل. وقد أقامت المدارس الثانوية في الفنادق السياحية ومدارس الفنون التطبيقية أيضًا دروسًا باللغة الصينية وفقًا لاحتياجات سوق العمل[1].

مع تزدهر تعليم اللغة الصينية، تم توظيف الكثير والعديد من المعلمين في السنوات الأخيرة. وبما أن معظم المعلمين الصينيين المحليين ليسوا من خريجي جامعات االمعلمين، فإنهم يفتقرون إلى الوضع الثابت وهم في حاجة ماسة إلى التدريب والتأهيل التربوي[2]. أما المعلمون القادمون من الصين فهم يحتاجون إلى تحقيق توطين التدريس، تعريف واجادة أفكار وطرق التدريس التوطيني في فرنسا. نظرا إلى الحاجة الملحة لتدريب المعلمين هذا، قد قامت جمعية معلمي اللغة الصينية الفرنسية مع جامعة نورث وسترن في مدينة شيآن لأول مرة بتنظيم معسكر تدريبي لمدة ثلاثة أسابيع للمعلمين الصينيين المحليين في فرنسا في فصل الصيف عام 2019م وحقق نجاحا باهرا. اكتسب الأمر استحسانًا من قبل وزارة التربية الوطنية الفرنسية

---

1 المسح المستمر من قبل جمعية تعليم اللغة الصينية بفرنسا.

2 تظهر خصائص وهويات أعضاء جمعية تعليم اللغة الصينية بفرنسا.

والمدرسين المدربين. ويعد امتحان تأهيل المعلمين الذي تنظمه وزارة التعليم الوطني ضمانا مهمًا لاستقرار عملية تدريس اللغة الصينية وتشتد مقاييس لتأهيل المدرسين المستوفيين على الشروط، على سبيل المثال، كثر عدد المسجلين للامتحان عام 2019، وقد بلغ عدد المسجلين 161 شخصا، ولم ينجح فيهم إلا 19 شخصا، ثم حصل على فرص العمل[1]. وهذا بالإضافة الى امتحان داخلي لشهادة تأهيل مدرس جامعي في تخصص اللغة الصينية، حيث بلغ عدد المسجلين لهذا الامتحان 51 معلمًا، وأخيرًا كان عدد الأشخاص الذين تقدموا للامتحان قد بلغ 39 معلمًا[2]. الأمر يظهر أنه من أجل ضمان جودة تدريس اللغة الصينية ، فإن وزارة التعليم الوطني تتحكم بصرامة في اختبار المعلمين الصينيين وقبولهم ، وقد بذلت جهودًا كبيرة في بناء هيئة التدريس الصينية.

لقد دخلنا عصر رقمنة البيانات الضخمة في الوقت الراهن، ودخل تدريس اللغة الصينية في فرنسا أيضًا إلى العصر الرقمي الجديد. وهناك معلمة صينية في المدرسة الثانوية في الفصل الدراسي بمدرسة ثانوية بالقرب من تورز في وسط فرنسا تقوم بتعليم طلابها مباشرة- وجهاً لوجه، في نفس الوقت تدرس لهم من خلال دروس الفيديو كونفرانس. وكانت هذه هي المرة الأولى في تاريخ فرنسا لتعليم طلاب المدارس الإعدادية في القرى الريفية الصغيرة اللغة الصينية[3].

3. تدريس اللغة الصينية في الجامعات المرموقة

وفقا لاستبيان أجرته جمعية مدرسي اللغة الصينية بفرنسا، هناك 25 ألف طالب جامعي يدرسون اللغة الصينية في كليات التعليم العالي. هناك 52 جامعة تقدم دورات في اللغة الصينية. ويوجد في ست وثلاثين جامعة قسم اللغة الصينية أو دورات احترافية مهنية في اللغة الصينية، وتقدم 27 جامعة دورات لغة صينية عامة غير مهنية. حيث تنقسم الدورات المهنية إلى نوعين: دورات اللغات الأجنبية التطبيقية ودورات اللغات الأجنبية والأدب والثقافة. وقد اجتذب قسم اللغات الأجنبية التطبيقية العديد والكثير من طلاب الجامعات للتسجيل في دورات اللغة الصينية بالقسم في السنوات الأخيرة. وعلى وجه العموم، يوجد حاليًا أكثر من

---

1 انظر موقع وزارة التربية والتعليم الفرنسية (30-07-2020) https://www.devenirenseignant.gouv.fr/cid141810/donnees-statistiques-capes-2019.html.

2 انظر موقع وزارة التربية والتعليم الفرنسية (30-07-2020) https://www.devenirenseignant.gouv.fr/cid143407/donnees-statistiques-agregation-2019.html.

3 انظر محطة الإذاعة الوطنية في فرنسا، المدرسة الإعدادية الريفية تقدم دروسًا في اللغة الصينية عبر الفيديو (30-07-2020)//:https www.franceinter.fr/emissions/le-zoom-de-la-redaction/le-zoom-de-la-redaction-26-fevrier-2019.

18000 طالب جامعي يدرسون اللغة الصينية في الجامعات الفرنسية، بما في ذلك أكثر من 7000 طالب أمضوا عامين في التحضير لامتحان شهادة الفني المتقدم الفرنسي (BTS) والدورة التحضيرية للفنون الليبرالية (CPGE)[1]، لذلك بلغ العدد الإجمالي أكثر من 25000. وقد افتتحت العديد من المدارس والكليات المهنية العليا تباعًا دورات تدريبية جديدة باللغة الصينية أيضًا وذلك في عام 2019م. فمثلًا، جامعة أورليانز أنشأت أيضًا قسم اللغة الصينية التطبيقية. فمن سمات تدريس اللغة الصينية في الجامعات الفرنسية عدم وجود منهج دراسي روتيني. حيث يتمتع كل مدرس جامعي بحرية تدريس المنهج الذي يقرره ويختاره وفقًا للدستور الفرنسي. فالمشكلة التي تواجهها الجامعات حاليًا هي عدم توفر تواصل بين مدرسي اللغة الصينية في أقسام الجامعات الصينية ومدرسي المدارس المتوسطة. أما عدد الطلاب الذين بدأوا في تعلم اللغة الصينية في المدارس الثانوية يستمر في الازدياد حاليًا، وسيتعين على الأقسام الصينية في الجامعات التكيف الحتمي مع هذا التغيير الدراماتيكي، ولذلك من اللازم إجراء إصلاحات في تدريس اللغة الصينية تلبية لاحتياجات الجيل الجديد من الطلاب الجامعيين الكثيرين الذين درسوا اللغة الصينية لسنوات عديدة.

لقد عقدت جمعية معلمي اللغة الصينية الفرنسية اختبار الكفاءة في اللغة الصينية في باريس والجلسة الثانية لمعرض الجامعات الصينية على نطاق واسع في معهد اللغات والثقافات الشرقية في 8 يونيو عام 2019م. وهناك عشر جامعات صينية مشهورة قد شاركت في هذا المعرض وهي: (جامعة تسينغهوا، وجامعة بكين، وجامعة بكين للمعلمين، وجامعة بكين للعلوم والتكنولوجيا، وجامعة المواصلات بشنغهاي، وجامعة دونغ بيه للمعلمين، وجامعة دونغ بيه، وجامعة تشونغ نان للاقتصاد والقانون، وجامعة وسط الصين للمعلمين، وجامعة تكنولوجيا المعلومات والالكترونيات بشيآن، وجامعة شن تشن، وجامعة تونغ جيه) وبرنامج HSK الاختبار الدولي في إجادة اللغة الصينية للتدريب على الابتكار للشباب حيث أنشئت منصات فريدة لكل جامعة في المعرض لعرض أساليب الجامعات الصينية الأنيقة لعامة الناس في فرنسا، وخاصة للطلاب الجامعيين من باريس، وتقديم إنجازات التطوير التعليمي للجامعات الصينية، من حين المعرض كان الموقع مليئا بالناس طوال اليوم. ولقد لاقى هذا المعرض ترحيبا حارًا وإشادة جبارةً من قبل الجمهور الفرنسي.

وعلاوة على ما تم سرده أعلاه، يعد تعليم اللغة الصينية أيضًا قد حقق تطورًا ملموسًا في مجالات شتى في فرنسا.

---

1 وفقا للإحصائيات من وزارة التعليم الفرنسية.

ثانيا: أحداث مهمة حول ازدياد تطوير تدريس اللغة الصينية في عام 2019م

1. ثلاث ندوات لدراسات حول تدريس اللغة الصينية بفرنسا

وفيما يتعلق ببحوث تدريس اللغة الصينية، نظمت الجمعية الفرنسية لمعلمي اللغة الصينية بشكل مستقل أو ساعدت في التعاون من أجل عقد عدد من ندوات علمية بشأن تدريس اللغة الصينية[1]. فعلى سبيل المثال، نظمت هذه الجمعية في آخر اجتماع سنوي ندوة بعنوان "الأدب الصيني وتعليم اللغة الصينية" عام 2019م وألقى البروفيسور باي ليه سانغ، وأستاذ جامعة ألدوبا ورئيس معهد كونفوشيوس جين سيان، الكلمة الرئيسة للندوة، وترأس الحلقة الدراسية بين وينينغ، المشرف الإقليمي على التدريس في وزارة التربية الوطنية الفرنسية. ودعت الجمعية بشكل خاص اثنين من الكتاب الصينيين، الكاتب شين فويو والكاتب شو كاي[2]، لإلقاء خطابين رئيسيْن في الندوة. بالإضافة إلى الكتاب الصينيين، دعت الجمعية أيضًا علماء ومترجمين فرنسيين مشهورين تخصص اللغة الصينية مثل: (نويل دوتريت، الأستاذ الفخري بجامعة إيكس مرسيليا، وبريجيت جيلبود، مفتشة التدريس الإقليمية في وزارة التربية والتعليم الوطني)، وذلك من أجل تبادل خبراتهم في مجال اللغة الصينية مع أعضاء هذه الجمعية. وخلال انعقاد الندوة، أثار الكثير من المعلمين الصينيين العديد من القضايا التي تحتاج إلى مزيد من الدراسة مع بعضهم بعضًا، وكان المؤتمر مليئا بجو أكاديمي قوي ومفعم بجدية النقاش وأهمية القضايا المطروحة. ولقد نظمت الجمعية الأوروبية لتعليم اللغة الصينية الندوة الصينية الدولية الثانية بعنوان "الطبيعة الإقليمية والدولية لبناء اللغة الصينية كلغة ثانية تدريس التخصص" في دبلن في الفترة من 12 إلى 13 أبريل لعام 2019م، حيث شارك فيها أكثر من 200 خبير ومعلم في تخصص اللغة الصينية من أكثر من 20 دولة أوروبية[3]. وكانت الندوة ناجحة للغاية. وقامت جامعة ألدوبا ومعهد كونفوشيوس التابع للجامعة برعاية أستاذ جامعة ألدوبا ورئيس معهد كونفوشيوس جين سيان بتنظيم ندوة

---

1 ينظم كل اجتماع سنوي ندوات خاصة بتدريس اللغة العربية.

2 انظر النشرة الإخبارية لجمعية مدرسي اللغة الصينية بفرنسا، النشرة الإخبارية رقم 135، يناير من 2019م (30-07-2020) https:// .www.falanxi360.com/index.php?s=/news/show/id/3343

3 انظر أوروبا تايمز، الندوة الدولية "جمعية تدريس اللغة الصينية بأوروبا" المنعقدة في دبلن، 1 من مايو في 2019م (30-07-2020) http:// www.oushinet.com/wap/qj/qjnews/20190501/320144.html؛ موقع ويب جمعية معلمي اللغة الصينية الأوروبية (2020-07-30) .http://www.ouhanhui.eu/?p=874&lang=zh

دولية حول "الوحدة أو الازدواجية: طبيعة اللغة الصينية وخياراتها الرئيسة في التدريس" والدورة التدريبية ل 12 معهدا كونفوشيوسيا بأوروبا للمعلمين الصينيين والمعلمين المحليين في الفترة من 27 إلى 29 يونيو عام 2019م. وبالإضافة إلى البروفيسورة جين سيان والبروفيسور باي لي سانغ، كان من بين الخبراء الذين تحدثوا البروفيسور تشانغ شين شنغ من الجامعة الأمريكية الدولية في لندن، وتشانغ هونغ من جامعة روما في إيطاليا، وغراس بويزات من معهد كونفوشيوس في جامعة جنيف في سويسرا، وبين وينينغ، مفتش تدريس اللغة الصينية في منطقة بوردو المدرسية التابعة لوزارة التربية والتعليم الوطنية بفرنسا. وكان معلمو اللغة الصينية الذين شاركوا في الندوة مصدر إلهام عميق وقد أفادوا كثيرًا، وقد أدوا دورًا ملموسًا وفعالًا في تعزيز تحسين قدراتهم ومستواهم في تدريس اللغة الصينية في المستقبل.

2. التقدم والتطور الجديد لمعاهد كونفوشيوس في فرنسا

قد تم إنشاء ثلاثة معاهد كونفوشيوسية جديدة في هذا العام في فرنسا. فالمؤسسات الشريكة الفرنسية هي مدينة باو في جنوب غرب فرنسا، والكليات العليا للتجارة في باريس وجامعة أورليان؛ لذا فإن هناك 17 معهدًا كونفوشيوسيًا تأسسوا بالتعاون بين الجامعات الفرنسية والجامعات الصينية في الوقت الحاضر[1]. وهذا العدد مقسم إلى نوعين: الأول ينتمي إلى هيكل مجمع الجامعات والثاني: مجموعات تعمل في ظل قوانين المجتمع المدني. يحافظ كل طبقة في فرانسا على إقامة علاقات جيدة مع معهد كونفوشيوس منذ إنشائه: من بينهم طلاب الجامعات والمدارس الابتدائية والثانوية والمعلمون وموظفو الخدمة المدنية ورجال الأعمال والتجار والأطباء والبحارة والمتقاعدون. وتعد معاهد كونفوشيوس هي النافذة للتعددية الثقافية الصينية. وعلاوة على تعليم اللغة الصينية فإن معاهد كونفوشيوس، يتم تنظيم العديد من الأنشطة الثقافية بها، مثل الأفلام الأسبوعية ومعارض الثقافة التقليدية الصينية والمحاضرات الأكاديمية والحفلات الموسيقية وحفلات الغناء والندوات دروس تدريب على الخط ودروس تدريب على الطهي، ودورة تدريب على تاي تشي وإلخ. وقد صار كثيرٌ من الأشخاص يشاركون في المؤتمر شيئًا فشيئًا. أيضًا هناك بعض الكليات ذات الخصائص الخاصة بها: فتوجد بعض معاهد كونفوشيوس ثقافية بحتة للغاية، وبعضها منحازا للمجتمع

---

1 انظر موقع معهد كوفوشيوس: http://www.confucius-clermont-auvergne.org.

الاقتصادي. ومعهد كونفوشيوس هو أيضا مركز اختبار يعقد اختبارات إجادة اللغة الصينية وهو يعد مركزًا استشاريًا للجامعات الصينية وتقديم المنح الدراسية الوطنية، ويوفر مرافق استشارية للدراسة في الخارج للطلاب الذين يرغبون في الدراسة في الصين. كما ساعد إنشاء معهد كونفوشيوس على تعزيز العلاقات الودية بين شعبي البلدين فرنسا والصين وقد صار كثيرٌ من الأشخاص يشاركون في المؤتمر شيئًا فشيئًا. أيضًا هناك بعض الكليات ذات الخصائص الخاصة بها: فتوجد بعض معاهد كونفوشيوس ثقافية بحتة للغاية، وبعضها منحازا للمجتمع الاقتصادي والبعض الآخر منحازا لمعهد الأعمال حسب الغرض من إنشاء، معهد كونفوشيوس هيئة غير ربحية تروج لتعليم اللغة الصينية، وهو أيضا مركز اختبار يعقد اختبارات إجادة اللغة الصينية وهو يعد مركزًا استشاريًا للجامعات الصينية وتقديم المنح الدراسية الوطنية، ويوفر مرافق استشارية للدراسة في الخارج للطلاب الذين يرغبون في الدراسة في الصين. قد ظهر تمامًا مرة أخرى أن إنشاء معهد كونفوشيوس يلعب دورًا مهمًا في التبادلات الثقافية بين البلدين، كما ساعد الإنشاء على تعزيز العلاقات الودية بين شعبي البلدين فرنسا والصين.

يعد عام 2019م من المنظور الثقافي عام الازدهار لتعليم اللغة الصينية. حيث عقد معهد كونفوشيوس المسابقة الثانية لترجمة الأدب الصيني في فرنسا من نفس العام، والذي طلب ترجمة روايات قصيرة لخمسة كتاب صينيين (مو يان، تشن ليجياو، تشين ديلونغ، دورا، ولينغ دينغ نيان). وقد حضر رسام الكاريكاتير الصيني الشهير لي كونو إلى فرنسا في خريف ذلك العام. ونظم معهد كونفوشيوس الكائن بمدينة رين بفرنسا ومعهد كونفوشيوس الكائن بمدينة كليرمون فيران بفرنسا معارضه الخاصة ومحاضراته وأنشطته الأخرى، والتي لقيت ترحيبًا حارًا من قبل الشعب الفرنسي والطلاب جميعًا[1]. وحينما عقد معهد كونفوشيوس في لاروشيل أسبوع الفيلم الصيني في أكتوبر عام 2019م، جاء الكاتب والمخرج الصيني داي سيجي شخصيًا إلى المهرجان السينمائي الفرنسي لتقديم فيلم «بازاك والخياط الصيني الصغير» للجمهور- وهو مؤلف هذه الرواية-، والذي جذب جمهورًا واسعًا، وخاصةً طلاب الجامعات الذين يدرسون اللغة الصينية.

---

1 معهد كونفوشيوس في رين: لي كونو، اللقاء والمعرض (30-07-2020)
https://www.confucius-bretagne.org/project/li-kunwu-23-11-2019/؛
هيئة التدريس ومعهد كونفوشيوس في كليرمون فيران (30-07-2020)
https://www.rendezvous-carnetdevoyage.com/2019/10/institut-confucius/.

لقد عُقد المؤتمر الدولي لتعليم اللغة الصينية في مدينة تشانغ شا في نهاية عام 2019م، وحضر المؤتمر المديرون الصينيون والفرنسيون لمعاهد كونفوشيوس في فرنسا والعديد من الخبراء الصينيين المعروفين في العالم وشهدوا إنشاء مؤسسة الصين الدولية لتعليم اللغة الصينية. ويعد الإصلاح الذي تقوم به مؤسسة الخانبان حدثا بارزا في قضية تعليم اللغة الصينية الدولية.

3. عيد الرموز الصينية الفلكولوري الشعبي الواسع النطاق

لقد تم إطلاق فاعليات عيد الرموز الصينية الثاني في باريس رسميًا في أكتوبر عام 2019م، وخلال فترة أيام عيد الرموز الصينية التي استمرت خمسة أيام، أقيمت سلسلة من الأنشطة المتعلقة بثقافة وكتابة الرموز الصينية، بما في ذلك المعارض والمحاضرات والتجارب الثقافية والتبادلات والتواصل وما إلى ذلك[1].

هذا البحث يحاول كشف النقاب عن أن عملية تطور تعليم اللغة الصينية في فرنسا في عام 2019م قد شهدت عامًا جديدًا من التطوير. كما يوضح أن جودة التعليم وكثافة التدريس المصحوبتين بالعولمة يجلبان تحديات جديدة، مثل رقمنة التدريس. وفيما يتعلق ببحوث علوم اللغة الصينية وتدريسها، فمن الضروري على عالم تدريس اللغة الصينية بفرنسا تعزيز التعاون بين المعلمين الفرنسيين الذين ليست اللغة الصينية هي لغتهم الأم والمعلمين الصينيين، وتعزيز التبادلات والاتصالات الأكاديمية مع بعضهم بعضًا. والعمل فيما بينهم على توسيع مشاريع التعاون مع الجامعات الصينية التي حققت إنجازات في تدريس اللغة الصينية (مثل جامعة بكين للمعلمين، و جامعة اللغات والثقافة ببكين، إلخ). فمثلًا، نجد أن الجامعات الصينية تنظم دورات تدريبية قصيرة الأجل لأساتذة اللغة الصينية وحلقات دراسية دولية منتظمة بشأن تدريس اللغة الصينية. فعلى الرغم من أن تدريس اللغة الصينية في فرنسا قد حقق نتائج ملحوظة وملموسة، فلا شك في أنه سيكون هناك الكثير والكثير من التحديات في العصر الجديد، من خلال التعاون الكامل مع الجامعات الصينية، نعتقد أن تدريس اللغة الصينية في فرنسا سيحقق بالتأكيد إنجازات أكبر.

(المؤلف: أستاذ مشارك في جامعة لاروشيه في فرنسا، وهو عميد معهد كونفوشيوس في لاروشيه، ونائب رئيس جمعية تدريس اللغة الصينية بفرنسا)

---

1 النشرة الإخبارية لجمعية مدرسي اللغة الصينية بفرنسا، النشرة الإخبارية رقم 144، أكتوبر من 2019م.

المصادر والمراجع: /

البروفيسور بيلاسن جويل/ باي ليسانغ، هو المدير والمفتش لتعليم اللغة الصينية، لوزارة التربية والتعليم بفرنسا (المفتش العام للغة الصينية، وزارة التربية الوطنية)، اللغة الصينية، لغة ناشئة 2015م2016-م- أحوال تدريس اللغة الصينية 2015م2016-م).

IV تقارير الموضوعات الخاصة

الإدراك اللغوي وبحوث اكتساب اللغة الثانية

الإدراك عبارة عن عملية وحيوية الدماغ والجهاز العصبي التي يتولد عنها نشاط العقل، واللغة هي جوهر الإدراك. ولقد تأسست العلوم المعرفية في الولايات المتحدة في السبعينات من القرن الماضي، وكانت التخصصات المساعدة الستة والداعمة المعترف بها دوليًا حاليًا هي: الفلسفة، واللغويات، وعلم النفس، والأنثروبولوجيا، وعلوم الكمبيوتر، وعلم الأعصاب (تساي شوشان، 2020م). والإدراك اللغوي يعدّ جزءًا مهمًا من أبحاث العلوم المعرفية؛ حيث يتضمن العديد من التخصصات ذات الصلة مثل: علم اللغة، وعلم النفس المعرفي، وعلوم الكمبيوتر، وعلم الأعصاب الإدراكي، والتي تتحلى بخصائص التقاطع وتعدد التخصصات وتكامل الفنون والعلوم.

اكتساب اللغة الثانية يعدّ مجالًا بحثيًا مستقلًا يتمثل جوهره في دراسة عملية اكتساب اللغة وآليات اكتساب الدارسين لها. حيث يكون متأثرًا بطبيعة الإدراك اللغوي وتعددية التخصصات، ويتضمن اكتساب اللغة الثانية بشكل أساسي ثلاث وجهات نظر معرفية مختلفة: منظور معالجة المعلومات لاكتساب اللغة الثانية، ومنظور الاتصال، ومنظور علم الأعصاب الإدراكي، ومن ثمّ فإن اكتساب اللغة الثانية، وثنائية اللغة، وتعدد اللغات، يتم من خلال استكشاف ودراسة الآليات المعرفية والدماغية العصبية.

1. منظور معالجة المعلومات لاكتساب اللغة الثانية

طبقًا لوجهة نظر نظرية معالجة المعلومات، نجد أن القدرة اللغوية للمتعلمين تتضمن المعرفة التقريرية التصريحية، والمعرفة الإجرائية. أما اكتساب المهارات فهو عملية آلية لتحويل المعرفة التقريرية التصريحية إلى معرفة إجرائية. ومن زاوية أخرى نقول: إن الدارسين يدركون التحول من معالجة التحكم

الواعي إلى المعالجة التلقائية غير الواعية في عملية تعلم اللغة أو التدريب والتأهيل. وفي خلال هذه السنوات الأخيرة، قد أدى إدخال نظرية معالجة المعلومات إلى "منعطف إدراكي" لنماذج البحث لدراسات اكتساب اللغة الصينية كلغة ثانية. لقد غير هذا المنعطف نموذج البحث لاكتساب عادة فعل الكلام في إطار نظرية التعلم السلوكي. ولم يعد البحث عن اكتساب اللغة الصينية معنيًا بالتغيرات في سلوك الكلام الخارجي لدارسي ومتعلمي اللغة الصينية فحسب، بل يهتم بآلية المعالجة المعرفية الداخلية للمتعلمين (وانغ جيان تشين، 2020م).

طرح وي يان جوين (2017م) في أطروحته أن وجود ومقدار استهلاك موارد الانتباه تكون من منظور المعالجة المعرفية، حيث بحثت هذه الدراسة آلية تقطيع اللغة الصينية كلغة ثانية وإتقان اللغة الشفهية أو المنطوقة. وتظهر نتائج الدراسة أن عملية حصر طرق تكوين الجمل من العبارات اللغوية التي يصيغها دارسو ومتعلمو اللغة الصينية تتم بطريقة معالجة مضبوطة، والتي لا يمكن أن تدرك معالجة الأساليب المركبة للمتحدثين الأصليين للغة الصينية، علاوة على ذلك، تتطلب عملية تكوين الأساليب المركبة هذه مشاركة موارد الانتباه، وتستخدم هذه العملية المعرفة التقريرية. ومع مواكبة التدريب المتكرر، يستهلك دارسو ومتعلمو اللغة الصينية موارد اهتمام أقل خلال عملية حصر طرق تكوين الجمل من العبارات اللغوية، حيث يتم تحويلها تدريجيًا إلى عملية الجمع بين الكلمات داخل العبارات اللغوية مع المعرفة الإجرائية. ركز خو وي جيا ووانغ جيان تشين (2017م) على استكشاف تنبؤات القدرة على إتقان اللغة الثانية الشفوية. وقد اختارت تلك الدراسة مؤشرين للطّلاقة والإجادة المعرفية- وقت رد فعل معالجة الجملة واستهلاك تحول الانتباه، كما طرحت مؤشرين للطلاقة والإجادة التعبيرية - سرعة التحدث ومتوسط وطول تدفق الكلام، وقد تم استخدام طريقة تحليل الانحدار الهرمي لتحقيق التأثير التنبؤي لنوعيْ المؤشرات على القدرة الشفهية أو القدرة على التحدث. ولقد أظهرت النتائج أنه يمكن للطّلاقة المعرفية الشفوية تحسين القدرة على التنبؤ بالقدرة الشفوية للغة الثانية بشكل فعال، ولها إسهامات تنبؤية أعلى من الطلاقة التعبيرية.

2. المنظور الترابطي الاتصالي لاكتساب اللغة الثانية

التوصيف لتوزيع المعرفة والمعالجة المتوازية هو بمثابة الأفكار الأساسية لنظرية الارتباط. وتتحدث أبحاث اكتساب اللغة في هذا الإطار النظري بشكل أساسي عن عملية المعالجة المعرفية الموزعة للدماغ

البشري من خلال الشبكات العصبية الاصطناعية، وبالتالي تستكشف هذه الآلية توصيف المعرفة اللغوية والمعالجة الموازية للغة الثانية أو المتعلمين للغتين اثنتين. إن البحث في هذا المجال له دور مرجعي وترويجي محدد ومعين للتعلم الآلي وأبحاث الذكاء الاصطناعي.

وفي إطار هذه النظرية المعرفية الجديدة، قد تم إجراء العديد من دراسات المحاكاة المعرفية في الداخل والخارج. وفي مجال بحث اكتساب اللغة الثانية، قام وانغ جيان تشين (2005م) بدمج وجمع نموذج التنظيم الذاتي القياسي، ونموذج الاضمحلال؛ لمحاكاة تطوير وتنمية وعي الطلاب الأجانب بتكوين الرموز الصينية، وعلى هذا الأساس، يتم مناقشة آلية اكتساب متعلمي ودارسي اللغة الصينية الثانية معرفة الشخصية الصينية. وفيما يتعلق بتعلم المفردات للأطفال، يعتبر لي بينغ وآخرون (2007م) روادًا في أبحاث المحاكاة حول ظاهرة "الاندفاع" لاكتساب مفردات اللغة عند الأطفال. وقد استخدمت هذه الدراسة شبكة عصبية اصطناعية ذاتية التنظيم والتي جاءت تحت عنوان "التعلم غير الخاضع للإشراف" لمحاكاة عملية اكتساب مفردات اللغة لدى الأطفال، ثم استخدمت هذه الشبكة لمحاكاة اكتساب الأطفال للمفردات ثنائية اللغة. وهناك مجال آخر ألا وهو محاكاة اكتساب الطلاب الأجانب للغة الصينية، والذي يعد من مجالات البحث التي تستخدم الشبكات العصبية الاصطناعية للمحاكاة المعرفية. تهدف الأحباث في هذا المجال بشكل رئيسي إلى محاكيات حول الصعوبات وآليات اكتساب الطلاب الأجانب في اكتساب الأصوات الصينية واكتساب النغمة الصينية. على سبيل المثال، استخدم (2011 Chen Mo) "نموذج شجرة النمو" لمحاكاة اكتساب نغمة الطلاب الأجانب، واستخدم (2011 Lu Ji) نموذجًا محسّنًا للتنظيم الذاتي لمحاكاة عملية الاستحواذ وآلية التعويض لفئة نغمة الطلاب الأجانب. يمكّن أن تعوض هذه الدراسات نقص البحث التجريبي السلوكي، ولها مزايا معينة في استكشاف المعالجة عبر الإنترنت والعمليات ذي المعقدة للمتعلمين.

3. منظور علم الأعصاب الإدراكي لاكتساب اللغة الثانية

تعدّ أبحاث الدماغ من أكثر التخصصات تطورًا في القرن الحادي والعشرين، وتستعد الصين وتخطط لإطلاق "خطة الدماغ الصيني". حيث يقترح مشروع "خطة الدماغ الصيني" استراتيجية "جسد واحد وجناحان". فالمقصود بـ "الجسد الواحد" هو فهم الأساس العصبي للإدراك البشري، وهو هدف مشترك لعلم الأعصاب، ومكانه وموطنه هو القلب، وأما المقصود بـ "الجناحين" هو تشخيص أمراض الدماغ والتدخل

فيها وتطوير تكنولوجيا الذكاء الحاسوبي الدماغي. يوفر هذا ملاحظات حول تطبيق "الجسد الواحد" (بو وآخرون، 2016م) – (Poo et al., 2016 م). اللغة هي العلامة الأساسية التي تميز الإنسان عن الحيوانات، والقدرة اللغوية هي الوظيفة الأكثر تقدمًا في الدماغ البشري، وهذا يجعل اكتساب علم الأعصاب الإدراكي اللغوي موضوعًا مهمًا في طليعة أبحاث علوم الدماغ، كما أنه أساس مهم للبحث والتطوير في مجال تكنولوجيا الذكاء الاصطناعي. (تشين لين، 2017م). يجب أن تتكامل أبحاث اكتساب اللغة مع علم الأعصاب الإدراكي لدراسة اكتساب اللغة الثانية، وثنائية اللغة، وتعدد اللغات من منظور علم الأعصاب الإدراكي. فعلم الأعصاب الإدراكي هو المقصد التالي في أبحاث اكتساب اللغة.

في عام 2005م، اقترحت مجلة « العلوم» (Science) 125 مشكلة علمية لم يتم حلها في العالم، وكانت إحدى هذه المشاكل هي الفترة الحرجة لاكتساب اللغة، فمن الممكن للوسائل التقنية لعلم الأعصاب أن تكشف عن الآلية العصبية المعرفية وراء الفترة الحرجة لاكتساب اللغة، وقد تم تحقيق اختراقات في البحوث حول مشكلة عنق الزجاجة لاكتساب اللغة؛ وذلك لمعالجة القضايا النظرية الرئيسة في ضوء المقاصد الأكاديمية الدولية. ثانيًا: كيف يتم التعبير عن عناصر مثل: شكل الكلمات، وصوتها، ومعناها في الدماغ البشري، لقد كان هذا دائمًا هو محور تركيز الباحثين في هذا المجال؛ حيث إن اكتساب بناء الجملة يتضمن تحليل وبناء مكونات الجملة ومستويات تركيباتها، وكيفية تحليل الدماغ البشري، ودمج وجمع المعلومات الدلالية والنحوية والتطبيقية للكلمات في الجمل. وقد كشفت دراسة هذه المسألة عن جوهر وطبيعة اكتساب لغة البشر، ويمكن أن تعزز تطوير معالجة اللغة الطبيعية بالكمبيوتر. علاوة على ذلك، فإنه يمكن أن تؤدي دراسة معالجة اللغة الثانية وتبديل اللغة إلى تعميق فهم الارتباطات العصبية لمعالجة اللغة والتحكم التنفيذي. ولقد طرح العلماء فرضية التكيف والاستيعاب لشرح التفاعلات بين اللغة الأم وآليات الدماغ لمعالجة اللغة الثانية. أدى الجمع بين اكتساب اللغة الثانية وعلم الأعصاب الإدراكي إلى فتح مجال جديد أمام بحوث اكتساب اللغة وتوسيع الأفق الجديدة لأبحاث اكتساب اللغة.

في غضون السنوات العشر الماضية، شهد تطوير اللغة الصينية كبحث اكتساب لغة ثانية تحولًا من علم اللغة البنيوي الاشتقاقي إلى البحث المعرفي. وهذا يعنيَ أن دراسة اكتساب اللغة الصينية الثانية لم تعد مقصورةً على وصف بنية لغة المتعلمين وتحليل الأخطاء، بل إن البحث عن اكتساب اللغة الصينية على أساس الإدراك اللغوي سيصبح سائدًا رويدًا رويدًا. وعلى الرغم من أن أبحاث اكتساب اللغة الصينية حاليًا لا

تزال تحت إطار نظرية معالجة المعلومات، إلا أن ظهور نظريات معرفية جديدة سيجلب أيضًا ظهور آفاقٍ لنظريات حديثة، ومجالات بحثية جديدة تعمل على دراسة اكتساب اللغة الصينية كلغة ثانية، مثل: نظرية الاتصال والظهور، ونظرية علم الأعصاب الإدراكي وغيرهما من النظريات الأخرى (وانغ جيان تشين، 2020م).

ولكي يتم تحقيق هذا الهدف، يجب أن تسرع الأبحاث والدراسات حول اكتساب اللغة الصينية من إدخال نظريات جديدة على أساس منظور الإدراك اللغوي، وبصفة خاصة طرح النظريات المتعددة التخصصات، وتوسيع الآفاق النظرية للبحث، والعمل باستمرار على توسيع نطاق مجال البحث لاكتساب اللغة الصينية كلغة ثانية. ثانيًا: يجب أن تعزز دراسة اكتساب اللغة الصينية من منظور الإدراك اللغوي مرجعية ومناقشة طرق البحث ومناهجه. وكما يقول المثل الصيني: إذا أراد العامل القيام بعمل جيد، فعليه أولًا شحذ أدواته، وتأسيسًا على ذلك، سيدفع تحسين طرق البحث جودة أبحاث اكتساب اللغة الصينية كلغة ثانية إلى الأمام بشكل أكبر، وجعل أبحاث اكتساب اللغة الصينية الثانية تصل تدريجيًا إلى المستوى المتقدم لأبحاث اكتساب اللغة الثانية على الصعيد العالمي.

بالإضافة إلى ذلك، يجب أن تركز أبحاث الإدراك حول اكتساب اللغة الثانية كاللغة الصينية على البحوث المتعددة التخصصات، والمجالات المتنوعة الأخرى، مثل: البحث في علم الأعصاب الإدراكي، وعلم اللغويات العصبية. لا يمكن للبحث المتعدد التخصصات أن يعزز المرجعية النظرية فحسب، بل يعزز أيضًا تحديث طرق البحث ومراحله. وسيؤدي تطوير علم الأعصاب الإدراكي ومجالات البحث الأخرى أيضًا إلى تحقيق قفزات جديدة وتقدمٍ في دراسة اكتساب اللغة الصينية من منظور الإدراك اللغوي (وانغ جيان تشين، 2020م).

(المؤلف: وانغ جيان تشين، جامعة اللغات والثقافة ببكين)

المصادر والمراجع: /

[1] تساي شو شان (2020م) بحث حول نظرية مكانة اللغة ودورها من منظور الإدراك البشري، «مجلة جامعة بكين: مطبعة الفلسفة والعلوم الاجتماعية»، العدد الأول، 138-149.

[2] تشين لين (2017م) بحث حول الأحجار الأساسية الثلاثة الكبرى لعلوم المعرفة، «بنك العلوم بالصين»، العدد الثالث، 209-210.

[3] تشين موه (2011م) بحث حول محاكاة لهجة التنمية المعرفية باللغة الصينية كلغة ثانية، «مجلة جامعة تشينغهوا: مطبعة العلوم الطبيعية»، العدد التاسع، 1201-1204.

[4] خو وي جي، وانغ جيان تشين (2017م) دور التأثير التنبؤي للطّلاقة المعرفية الشفوية للغة الثانية على القدرة الشفهية، «تدريس اللغة الصينية عالمياً»، العدد الأول، ص 105-115.

[5] لو جي (2011م) دراسة المحاكاة حول عملية اكتساب درجات النغمات في اللغة الصينية للدارسين التايلانديين، رسالة الحصول على درجة الدكتوراه من جامعة اللغات والثقافة ببكين.

[6] وانغ جيان تشين، رئيس التحرير، (2020م) بحث حول اكتساب اللغة الثانية انطلاقاً من المنظور المعرفي، بكين: المطبعة التجارية.

[7] وانغ جيان تشين (2005م) بحث محاكاة حول أساليب تنمية الوعي لتكوين الرموز الصينية لدى الطلاب الأجانب: أساليب اكتساب الرموز الصينية يعتمد على شبكة رسم الخرائط ذاتية التنظيم، «علم اللغة والكتابة التطبيقي»، رقم 4.

[8] وي يان جون (2017م) معالجة تقسيم العبارات متعددة الكلمات لمتعلمي اللغة الصينية، رسالة دكتوراه بجامعة بكين للغات والثقافة.

[9] Li, P.، Zhao, X.، Mac Whinney, B. (2007) ديناميةالتنظيم الذاتي والتنمية المعجمية المبكرة للأطفال، العلوم المعرفية، 31، 581-612.

[10] Poo, M. M.، Du, J. L.، Ip, N.، Xiong, Z. Q.، Xu, B.، Tan, T. (2016) لدماغ الصينية المشروع : العلوم العصبية الأساسية ، وأمراض الدماغ ، الدماغ مستوحاة من الحساب، العصبية، 92(3)، 591-596.